简单沟通
陪孩子走过青春期

冯 洪 著

中国经济出版社
CHINA ECONOMIC PUBLISHING HOUSE
·北 京·

图书在版编目（CIP）数据

简单沟通：陪孩子走过青春期 / 冯洪著 . -- 北京：
中国经济出版社，2024.6

ISBN 978-7-5136-7768-4

Ⅰ . ①简… Ⅱ . ①冯… Ⅲ . ①青春期 – 家庭教育
Ⅳ . ① G782

中国国家版本馆 CIP 数据核字（2024）第 093450 号

特邀策划 书香学舍
特邀编辑 蒋香香 周自立 李妮娜
策划编辑 龚风光 王 絮 杨 祎
责任编辑 王 絮 杨 祎
责任印制 马小宾
封面设计 车 球

出版发行 中国经济出版社
印 刷 者 北京艾普海德印刷有限公司
经 销 者 各地新华书店
开 本 880mm × 1230mm 1/32
印 张 8.25
字 数 175 千字
版 次 2024 年 6 月第 1 版
印 次 2024 年 6 月第 1 次
定 价 59.80 元
广告经营许可证 京西工商广字第 8179 号

中国经济出版社 网址 www.economyph.com 社址 北京市东城区安定门外大街 58 号 邮编 100011

推荐语

“简单沟通”的视角就是让父母从一个孩子自身已有的资源、能力和经验出发，看到孩子本身已经存在的优势，用这些亮点，去点亮更多亮点，这是一种积极取向的视角。希望冯洪老师主张的“简单沟通”，能够帮助到更多的父母和孩子。

—— 彭凯平

中国积极心理学发起人，清华大学心理与认知科学系教授、博士生导师

与青春期的孩子沟通，怎么可能简单得了？这是我看到书名时的疑惑。但通读下来，不得不说，作为全国重点中学的一线心理咨询师，冯洪老师依托他十几年的心理咨询经验，着实为家长们开出了一份条理清晰、实操性强的亲子沟通良方，即“一个前提、两个原则、三种聊法”的沟通逻辑。

在我看来，为人父母最大的好处，就是父母有机会随着孩子的成长而逐渐成熟。简单沟通看似简单，实则不然，正如冯洪老师所言：“你是一个什么样的人、你是如何思考问题的、你怎样看待孩子……这些都渗透在你与孩子互动的话语里。”因此，父母自身的成长始终是亲子教育的根本所在。

“好的教育，父母轻松，孩子也轻松。”期待更多读者在阅读本书时，踏上亲子沟通的轻松之旅。

—— 林红

北京大学第六医院儿童精神科医生、北京大学临床心理中心办公室主任

青春期是人生变化的狂飙期，孩子面临人际、学业等多重压力，很多心理问题、精神障碍也发生在这个阶段。然而，由于很多父母不了解青春期孩子的特点，不会与孩子沟通，很容易产生冲突，甚至导致“青春期”与“更年期”的两期作战。冯洪老师来自咨询一线，具有丰富的中学生咨询经验，他的“简单沟通法”帮助很多家庭化解了亲子矛盾。这本书针对青春期孩子的常见问题，给出了有效的沟通解决方案，讲理深入浅出、叙事通俗有趣，既是实操宝典，又是解忧锦囊，推荐中学生家长可以将其当作案头书读一读。

—— 祝卓宏

中国科学院心理研究所教授

大道至简。如何建立良好的亲子关系，帮助孩子顺利度过充满“惊涛骇浪”的青春期？本书给父母的核心建议是学习“顾问型父母聊天术”，告诉他们在与孩子的沟通中，既不能高高在上，也不能越俎代庖，而是耐心倾听、平等交流、真诚建议，把选择的权力、责任和乐趣都交给孩子，让孩子带着自驱力和自信心不断成长。这确实是一种育人的智慧和境界。

—— 文东茅

北京大学教育学院教授

所有的沟通都充满情绪、价值观和信息的流动。只有流动的情绪被关照、价值观被接受、信息被认同，沟通才能产生教育价值。冯洪老师主张的“顾问型父母”沟通方式，突出以亲切的方式表达信息，寻求与孩子进行有效沟通，从而实现积极的教育效果。

—— 刘铁芳

教育部“长江学者”特聘教授、博士生导师

我始终相信：温暖，是治愈一切的力量。我始终相信：好的关系，才是好的教育。就这样，陪伴孩子度过青春期。

—— 詹大年

中国教育学会教育策划学术委员、昆明丑小鸭中学校长

冯洪老师是我的好朋友，他专业、严谨且极具愿力，对待学员的关怀之心以及对待自己作品的诚意都让我敬佩不已。这样的作家非常稀缺，这样作家的作品也极为难得，相信这本书会让很多家长受益，值得一读！

—— 刘 sir

《定位高手》作者、书香学舍主理人

对于孩子的教育问题，我一直比较回避，即使我和爱人发展得再好，我们也从不敢和别人分享我们教养小小钱的经验。

面对孩子即将到来的青春期，我会很担心，因为我的青春期比电影拍得还“精彩”，不知道我的儿子会不会胜过我。但读完这本书后，我感到心里踏实了很多。原来，作为家长的我们，面对孩子时只需要这样做：家长想把孩子培养成什么样的人，就用对待这种人的方式对待他，从孩子心理需求的角度去思考，不厌其烦地与孩子确认他们的优势。

我相信，我们一定能陪孩子顺利度过青春期，也希望每个还在为孩子操心的爸爸妈妈都去读一读这本书。

—— 筝小钱

《如何有效阅读一本书》作者、读书博主导师

自　序

一个让家庭教育变得简单的办法——简单沟通

谢谢你成为本书的读者。

关于培养孩子，教育家有宏大的教育设计、教师有规范的教育蓝本、父母有远大的教育理想，而作为青春期孩子的心理咨询师，我只有朴素的教育行动。

因为，无论是教育设计、教育蓝本还是教育理想，都要通过有效的教育行动来实现教育成果。

很幸运，作为全国重点中学的一线心理咨询师，十几年来接待学生和家长的咨询经验，让我找到了一个让家庭教育变得简单有效的教育行动。

我给这个教育行动取名叫作简单沟通。

陶行知先生说，生活即教育。作为父母，你对青春期孩子的教育就蕴藏在你与孩子的每次沟通中。你是一个什么样的人、你是如何思考问题的、你怎样看待孩子……这些都渗透在你与孩子互动的话语里。

所以，教育，要从学会沟通开始。

只有孩子愿意与你说话，你说的话孩子才会听，教育效果才能好。

我写这本书，就是为了把青春期孩子在咨询室里与我讲的话翻译给你听。我给我的咨询室留了个“后门”，教你如何跟孩子聊得来。

什么是“简单沟通”？简单沟通，就是**一个前提、两个原则、三种聊法。**

要想让你和孩子的沟通有效，根本前提是，你们的亲子关系要好。亲子关系，就相当于母亲怀孕时，给胎儿传送营养物质的脐带。亲子关系是否好，是你对孩子的教育能否产生作用的关键。

例如，你想让孩子放下手机赶紧睡觉。如果你和孩子的关系不好，可能原本就准备放下手机马上睡觉的他，却在听到你对他提出的要求后偏要再玩会儿，故意跟你对着干。相反，如果你和孩子的关系比较好，他可能会在听到你的要求后，就告诉你他原本也打算 5 分钟后睡觉了。

你看，关于有效沟通最底层的逻辑，其实还是在亲子关系上。

这就是一个前提——亲子关系要好。

两个原则，是指你和孩子的沟通要做到“边界清晰，相互尊重”。

如果你想提升自己在家庭教育中的影响力，你可以与孩子分享你的想法、知识和经验。你的身份要更像一个应客户诉求提供服务的顾问，而不是一位对他居高临下的领导。

成功的顾问会与人分享，而不是说教；会提供意见，而不是施加影响；会提出建议，而不是发号施令。

这是“边界清晰”。

成功的顾问，既不会在别人不接受他的想法时羞辱他们，也不会强行“推销”他的观点，而会提供他的想法，让客户自行决定是否接受。

这是“相互尊重”。

了解了简单沟通的前提和原则后，你还需要知道如何根据不同的事件类型，使用不同的策略来沟通。具体来说，**父母与孩子聊天时，可以把事情分为三类，与之对应的有三种不同的聊法。**

第一类：属于孩子的事情。对应的聊天方式是“接受性听”。

第二类：属于父母的事情。对应的聊天方式是“描述性说”。

第三类：既属于孩子也属于父母的事情。对应的聊天方式是“双赢沟通”。

简单来说，如果一件事情对你不构成影响，那你就听听，先接住孩子的情绪，再让他自己想办法解决问题。

例如，孩子的学习成绩没有达到自己的预期，这令他十分困扰。如果他想要找你沟通，那你可以就他困扰的情绪多聊一些，这就是理解他的情绪。然后，你可以让他重点讲讲他困扰的点具体是什么，这就是定义他的问题。最后，你可以再和他确认你的理解是否精准。

这样，你既接住了他的情绪，给予了你的支持，又保持了边界，给了他足够的自主权。这就是“接受性听”——接住了、听懂了。

本质上说，对于需要孩子去面对的事情，以上做法能够既让他内心温暖，又给他足够的锻炼机会，培养了孩子的自主意识，教育效果便已经达标了。

如果一件事情涉及你作为父母的利益，或者孩子的行为对你造成了影响，那你就应该主动出击，描述你观察到的情况、表达你的感受和诉求，以及提出满足自身诉求的方案。

你的这种操作，实际上也是在向孩子展示，一个人应当如何在相互尊重的基础上维护自身利益，并表达自己的价值主张，同时，在不会得罪别人的前提下实现自己的沟通目标。

例如，孩子半夜起来弄出很大的响声，把你吵醒了，影响了你的休息。这时，你首先要描述观察到的情况——孩子制造的声音影响到你休息了。其次表达你的感受——此刻非常担心自己会失眠，从而影响第二天的工作状态。再次表达你的诉求——希望他赶紧停下来，不要再继续制造噪声。最后提出你的方案——请他立即安静下来睡觉。

全过程的步骤是这样的：描述、感受、诉求、方案。

当你已经完成了以上步骤，就不要再去评论、指责、批评孩子了。以上的沟通如果有效，事情的不良影响就已经消除了。如果你节外生枝，可能会激起孩子其他不良的情绪，引发更复杂的沟通冲突。比如，很多父母会习惯性地去指责孩子不体谅父母，责怪孩子在不恰当的时间做不恰当的事情，甚至把新账、旧账一起算。这就会让简单问题复杂化，这就是复杂沟通的结果。

如果你发现，你提出的解决问题的方案不能得到孩子的支持，那么，你就要以自身诉求和孩子的诉求都得到满足为沟通目标，一起来探讨解决方案。

例如，孩子想要现在就准备好明天参加比赛要穿的衣服，并因此弄出了响声。他的诉求是，提前准备好衣服，晚上可以睡得比较好，没有焦虑。你的诉求是，不要有噪声影响到你的休息。基于你们双方的诉求，除了让孩子马上停止准备衣服这种方式，那还有没有你们彼此都能够接受，又能够实现目标的其他办法呢？其实，你可以明天提早 15 分钟叫他起床，或者你现在帮他一起准备，这样所需时间更短，大家也可以睡得更好。

所以，**简单沟通的精髓其实非常简单：围绕诉求，匹配方案。**

但是，在此过程中你要始终接住孩子的情绪，一直坚持“描述、感受、诉求、方案”的基本沟通流程。

这就是简单沟通的全部操作要领。

总结一下，简单沟通，就是你和孩子要有良好的亲子关系，对孩子有边界感、懂得尊重，并且能够根据“事情属于谁”的类型来选择具体的沟通策略。

哲学家路德维希·维特根斯坦说，语言的边界，就是思想的边界。掌握了简单沟通的方法，你就掌握了如何使用语言发挥教育思想影响力的方法。

好的教育，父母轻松，孩子也轻松。

现在就开启你和孩子的“简单沟通”之旅吧！

目 录

/第一章/

读懂青春期孩子的心

/ 第二章 /

如何做个会沟通的家长

/ 第四章 /

让孩子拥有高社交力

/ 第五章 /

这样帮孩子提升学习效率

/ 第六章 /

简单沟通让孩子未来不简单

孩子的青春期，最早从9岁左右（小学四年级）开始，但这比较少见；大多数孩子，会从13岁左右（初中一年级）开始，而结束的时间，最晚要到21岁。青春期阶段，孩子的身心都发生了明显的变化，其中最突出的，是他们开始有了自我意识。家长需要了解和适应他们的变化，教养方式也要匹配他们发展的节奏和规律，只有这样才能顺畅地和他们沟通。

第一章

读懂青春期孩子的心

理解青春期孩子的“难言”之苦

青春期孩子身心的巨大变化，使得他们的表达方式也发生了一些变化。例如，青春期前，他们会有一说一、直来直去；进入青春期后，他们会含蓄表达，说话有所保留。如果家长的反应达不到他们的期待，那么他们的保留就会越来越多，严重的时候，甚至会对家长关闭沟通的大门。所以，家长应该尽可能地了解孩子的变化，与他们进行简单沟通，陪他们度过一个积极健康的青春期。

同时，显而易见的是，在青春期阶段，男孩和女孩的变化也有所不同。家长要根据男孩、女孩各自的特点，有针对性地关注自己的孩子。

帮男孩找到他们的“真心英雄”

有研究显示，处于青春期的男孩，荷尔蒙分泌量会激增。这意味着，他们不仅体力、精力旺盛，还极易冲动，情绪波动很大。他们就像“随时会引爆的炸弹”，稍有不慎就会“炸”得家长措手不及。

回顾我的青春期，也有让父母很头疼的阶段。初中时，我经常喊上十几个人去和另外十几个人打群架。

很多家长觉得，这是我们调皮捣蛋。事实是，青春期男孩要想释放过于旺盛的精力，无外乎两种方式，要么运动，要么攻击。打架是一种攻击的方式，我们是在释放自己。

如果家长不懂打架之类的行为背后所隐藏的需求，与男孩的沟通就无法解决真正的问题。比如，家长如果只是简单地阻止孩子打架，而没有对其进行正确的引导，就无法帮助孩子合理地释放青春期的精力。因此，家长先要了解男孩的生理规律和需求，才能给他们提供良好的支持和帮助。

此外，青春期男孩的心理也会发生许多变化，包括情绪波动、自我认同等。他们需要学会管理自己的情绪，建立健康的自我认知。

一般来说，对于青春期男孩的养育，要着重关注以下几点。

第一，父亲的影响。

6~13 岁这个阶段，父亲的行为、语言、价值观等，对男孩的影响越发明显，父亲就是他们的“真心英雄”。这时孩子内心需要一个模仿对象。一旦父亲缺位，男孩就会失去最好的模仿对象，于是，他们身边的人，就容易成为他们的模仿对象。

如果找到一个不太好的模仿对象，他们就有可能误入歧途。在国外，一些辍学的中学生一般会跟着哥哥姐姐去贩毒，就是这个原因。

可见，对于这个阶段的男孩来说，父亲是无可替代的角色。父亲需要承担更多的责任，与孩子加强沟通。

第二，找到学习的目的。

在这个阶段，如果男孩没有确定学习的基本目标和方向，不知道学习是为了什么，注意力很容易就会转移到学习之外的地方，进而失去学习的内驱力，甚至出现其他问题，如各种成瘾问题、社交问题等。

这时，如果家长能够带领男孩探索职业方向和未来人生的雏形，往往更有利于他们找到自己的目标，自发地努力学习。

这种情况下，家长需要再做一次男孩的“真心英雄”，给予他们更多的支持和鼓励。

第三，培养情商，提高沟通能力。

情商主要表现为两方面的能力，一个是处理自己情绪的能力，另一个是识别他人情绪的能力。在与人打交道的过程中，情商低很容易吃亏，沟通能力不足则难以融入群体，很难满足社会对他的期待，他也很难成为一个特别优秀的人。

对于青春期的男孩来说，培养情商、提高沟通能力是在为他们进入社会做前期准备。家长与孩子的每次沟通，都是一次很好的练习和实践。

第四，找到一个引路人。

青春期的男孩在 13 岁之后，一定要找一个引路人，也就是找到家长之外的“真心英雄”。

举个例子，如果一个男孩从小把马云当作自己的模仿对象，而且有机会跟马云见几次面，或者聊几次天，那么这个男孩未来的人生方向和他的人生高度就可能与普通人完全不一样。如果他模仿的是有暴力倾向的人，那么他的人生很可能就是另一种结果。

哈佛大学经济学教授哈吉·柴提（Raj Chetty）专门研究公共经济学，他有个长期实验结论：父母对孩子的影响力中占到25%的一件事情，就是选择住在哪里！因为，孩子会默默地模仿社区中的成年人。

这个逻辑也很符合经典的文化标签：

中国有句话叫："昔孟母，择邻处，子不学，断机杼。"非洲有句谚语说："养育一个孩子需要一个村庄。"

所以，家长在培养青春期男孩时，一定要给他树立一个好的榜样，或者给他提供优秀的资源，给孩子找一个引路人。

着重培养女孩的批判性思维

一般来说，女孩的青春期比男孩早两年左右。她们的需求和关注点也与男孩不同，她们会更加在意自己的身体和外貌。

在养育青春期女孩的时候，下面两点家长需要重点关注。

第一，青春期女孩会模仿自己的母亲。

通常，从进入四年级开始一直到初中阶段，父亲和母亲对青春期女孩的影响是同等的。和男孩不一样的是，女孩的安全感主要是从母亲那里获取的，也会模仿自己的母亲。她长大后想成为一个什么样的女人，如何爱自己的丈夫，如何处理自己的情绪，如何处理工作和生活的关系等，绝大部分会受母亲的影响，这些也是女孩模仿妈妈最重要的部分。

第二，青春期女孩的思维方式开始两极分化。

她们有两种典型的思维方式：第一种是顺从，第二种是批判。在中国传统文化的熏陶下，绝大部分女孩可能会越来越顺从，毕竟在中国，淑女和闺秀才是优秀女孩的标签。但是，你会发现，身边那些真正优秀的现代女性，她们是很有反叛精神的。她们有自己独立的思想和主张，能够批判性地接受传统事物，敢于对权威说“不”。甚至可以说，她们有点后现代主义。近有屠呦呦，远有宋庆龄，她们都是拥有独立之人格、自由之思想的优秀女性。所以，我更看重女孩思维方式中批判，或者说审辨的这一部分。

举个例子，我有两个女儿，只要我在家，我们每天都会有一段共同散步的时间。当然，我不会和她俩同时散步，而是会分开陪伴。我会利用散步的时间与她们讨论她们的日常生活。我喜欢提一些反直觉的问题，比如，为什么老师讲的就一定是对的呢？书上说的有没有可能是错的呢？如何验证一个事物的对错和优劣？

这样的讨论，不需要说服对方，而需要我们有强大的理由支持各自的观点，才算讨论完毕。

如果你没有和你的女儿创造独立的、松弛的相处机会，你会发现你很难了解她，更别说锻炼她的批判性思维了。长此以往，你会发现，关于女儿的事情，你可能永远是最后得知消息的人，而等你得知她发生什么事情时，往往就是需要你去做善后处理的时候了。

让孩子认识“我是谁”

对于青春期的男孩、女孩来说，最重要的事情就是认识“我是谁”。认不清自己的时候，他们就会有身份焦虑。

小时候，“我是谁”是由家长定义的，家长说他们好，他们就认为自己什么都好。但到了青春期，就不是这样了。就算家长说他们好，他们也可能觉得自己不好，因为他们可能会面对同学不喜欢、排斥他们的情况。

所以，这个阶段的孩子，不管是男孩还是女孩，最大的变化是以前关注家长的看法，现在关注同龄人的看法。同龄人的评价会让他们陷入身份焦虑。

这个身份焦虑，源头主要有两个。

第一，自己是谁，由别人来说。

青春期的孩子，他们觉得自己是一个什么样的人不重要，重要的是，别人说他们是一个什么样的人。所以，为了争取得到别人更多的好的评价，即使有时候他们向公众呈现的不一定是让自己最舒服的样子，他们也会卖力地“表演”。例如，他们可能是一个老实腼腆的人，但为了引起关注，也可能会经常做些哗众取宠的事情。

这种“表演自我”和“真实自我”之间的割裂，会让孩子时不时地感觉到身份焦虑。

第二，容易看到缺点，很少看到优势。

多数家长习惯一看到孩子的缺点就及时指出来，有时甚至强制性地反复纠正；看到孩子的优点时，却会忽视给予他们确认和反馈。于是，在孩子的潜意识中，他们会认为自己有很多缺点，却没有什么优点。他们看不到自己的优势，就很难建立起自信。而缺乏自信的人，往往无法给自己一个准确的身份认定。

面对青春期孩子的身份焦虑，家长要着重培养发掘孩子的优势与特长，而不仅仅是去弥补他的短板。培养孩子时，家长要将 70% 的精力用于发掘他的优势，用 30% 的精力去补足他的弱项。毕竟，我们所有人，都是凭借自己的优势和优点而生存并产生价值感的。

那么，如何找到孩子的优势呢？很简单，学会从孩子的优点出发，而不是从大众的优势取向出发。比如，多数家长会让孩子学英语、学钢琴等大众化的科目，这些领域竞争激烈，孩子容易成为大池子里的一条小鱼。如果孩子能够在自己擅长的小池子里找到一个独特的优势，就容易成为小池子里的大鱼。

比如，有的孩子观察力极强，写作表达能力也很强，那他可能适合往新闻传播的方向发展，从小练习主持，或者多投稿到各大报社和杂志社，又或者参加各种写作比赛，等等，都有助于他们更快地找到自己的发展定位和方向。

作为家长，不妨换个视角：不要教育孩子，而要接受孩子的教育。

接受孩子的教育，就是要学会观察并支持孩子发展自己的优势。只有让孩子接受适合自己优势的教育，才能化解孩子的身份焦虑。

冯老师小课堂

夸奖是把“双刃剑”

我的青春期，可以简单地分为两个阶段，初中时是“别人家的孩子”，高中时则不再是“别人家的孩子”。

初中时，我的学习动力、成长动力，都来自我的内驱力。尽管现在回过头去看，这种内驱力也许不太健康——它来自别人的夸奖，但它确实推动了我的成长。那时，同龄人的认可和肯定对我来说非常重要，我会千方百计地获得别人的夸奖。

我担任过广播站站长和学生会主席，班级排名从未低于前3名。学习、写作、跳舞、表达都不错，同学们从不吝啬对我的表扬和认可。

他们的夸奖成了我的外驱力，让我更加努力地学习和表现。久而久之，我认为自己是个学霸，我的所有表现和言行都应该符合这个身份和人设。有了这个身份认同之后，我开始发自内心地喜爱学习，产生了学习的内驱力。

但是，在这个过程中，我也意识到，夸奖其实是把“双刃剑”。对一个孩子来说，没有了夸奖就是对他身份的粉碎。

上了高中之后，我再也没有得到过像初中时那么多的夸奖了，因为我身边的同学太优秀了。在那种只有“学习成绩”这一个比较维度的环境中，我没办法进入班级排名前10名，又没有来自其他方面的自信（广播站站长、学生会主席等）来确认我的新身份。于是，我的身份变模糊了，焦虑增加了。我觉得越来越难以找到自我，精力越来越涣散，成绩也越来越差。

所以，为了不让孩子迷失在别人的夸奖中，家长要多给孩子几个优势身份。即便一个身份模糊了，还有其他身份能给孩子带来自信。想找到优势身份，要从发现和确认孩子的资源和优势开始。

心理学上有个“窈窕淑女效应”，可以将其用到对孩子的养育上。家长想把孩子培养成什么样的人，就用对待这种人的方式对待他，同时，不厌其烦地与孩子确认他们的优势。

请问，你希望你的孩子靠什么优势确立自己的价值和自信呢？

养育孩子，家长需要确定的方向感

青春期孩子的家长，最容易犯的错误就是操控孩子。比如，家长总是按照自己的想法为孩子制订计划，而不考虑孩子的兴趣和喜好，这就是一种比较典型的操控方式。

举个例子，孩子在填报高考志愿时，有些家长会建议他们选择基础学科，以便将来可以考公务员。至于孩子是不是喜欢这些学科，家长基本不会过问。

心理学认为，要培养“独立而亲密”的孩子；社会学认为，要培养“具备核心素养”的孩子。家长也应该认真思考一下，你究竟想培养怎样的孩子？又应该如何培养孩子呢？

学会放手，建立“独立而亲密”的关系

青春期孩子的教养目标，就是要实现“独立而亲密”。所谓独立，

是孩子有在社会上独立生存的能力，不会和父母有分离焦虑。亲密，是指孩子与父母在情感上紧密联系在一起，相互依靠、相互认同。

什么样的孩子才算独立？我从小被“放养”，自认为比较独立。我一直觉得，我在哪里，家就在哪里。而缺乏独立性的孩子，则会认为，家在哪里，我就在哪里。孩子对家的依赖极大、无法在一个新的地方扎根、只要人不在家里就容易焦虑，等等，都是“独立性”目标没有实现的表现。

青春期男孩和女孩的教养目标并没有太大的差异，只是，这两个群体对独立和亲密的感知与需求有些不同。

一般来说，男孩的独立性强于女孩，但与家长在亲密度上有所欠缺。因此，男孩的家长应该多组织亲子活动，与孩子多多沟通，以增进彼此的感情。

而女孩在亲密度方面做得更好一些，家长就需要重点加强培养女孩的独立能力。家长应该让女孩多参加社会活动，让她们在学会照顾自己的同时，与外界产生更多的联结。比如海外旅游、户外活动、比赛活动，等等。

孩子养成独立性和处理亲密关系的能力，主要取决于 3 岁之前和青春期的亲子关系。亲子关系好的家庭，孩子在这些方面的能力也会比较强，反之亦然。

发展孩子最重要的两项能力

家长的养育目标，与社会对人才的需求是无法画上等号的。社会要培养什么样的人，这是教育要回答的问题。

1996 年，联合国教科文组织发布的报告《教育：财富蕴藏其中》界定，21 世纪公民必备的素养是学会求知，学会做事，学会共处，学会生存，学会改变。

美国企业界和教育界共同提出，21 世纪世界共同核心素养是 4C：创造性和创新能力（Creativity and Innovation）、批判性思维和问题解决能力（Critical-thinking and Problem-solving）、交流能力（Communication）和合作能力（Collaboration）。

2014 年 3 月 30 日，教育部颁发的《关于全面深化课程改革落实立德树人根本任务的意见》提出了“核心素养”的概念。提倡教育要培养全面发展的人。

我国核心素养的内涵与世界其他主流国家和国际组织提出的关于未来人才需求的标准是一致的。把这些能力的共性提取出来，就是我们的人才培养中最重要的两项能力——解决问题的能力和自主学习的能力。

什么是解决问题的能力？其是指运用所有学科解决复杂问题的能力，包括识别问题、收集问题、分析问题、制订解决方案、评估解决方案、实施解决方案、沟通与合作、领导的能力，等等。它是把知识串起来解决问题的能力，是跨学科的综合能力。

什么是自主学习的能力？其是指个体在学习过程中具备自我规划、自我控制、自我评价和自我调整的能力。具有自主学习能力的人，可以自主选择学习内容和学习方法，自我调整学习状态和学习策略，不断提高自身的学习效率和学习成果。

从某种程度上说，如果一个人没有解决问题的能力和自主学习的能力，就无法成为国际人才。当我们有了教育的方向感，有了关于教育的判断标准，我们就有了明确的行动依据。

增长见识，让孩子内生出来向上的动力

一个在农村长大的孩子，在没到大城市看看那里的学校之前，对好学校是没有概念的。如果家长能把孩子带到大城市，让他看看那里的学校，看看校园的硬件设施和绿化环境，再和那里的老师、同学聊一聊，也许孩子就会对好学校有更高的期待，对自己有更高的要求。孩子向往大城市的学校，就会更有学习动力，也会朝着这个目标制订计划。

见识可以让孩子内生出来向上的动力。家长应该带孩子去看更多更好的地方。

有一个农村的女孩，目标感特别强，想考上北京大学。她的父母虽然文化程度不高，但很能理解孩子的梦想。小时候，他们对她很严厉，但随着年龄的增长，他们越来越注重民主化。他们经常陪她阅读

和运动，带她看更广阔的世界，这让她的内在动力越来越强。她不会让周考、月考这种小型考试严重影响自己的学习状态，因为她的眼睛一直盯着高考这个周期更长的目标。这让她的内心有一定的弹性，使她在受挫折之后能够快速地调整过来。

在对这个女孩的教养上，她的父母做对了两件很重要的事：第一，他们根据女孩青春期的特点，踩对了节奏，在不同阶段，采用不同的教养方式。第二，他们让女孩的目标内生出来，没给女孩设定目标，而是陪着她到处去长见识。

高中阶段是孩子升学的黄金期，也是升学的重大焦虑期。教育孩子的过程中，家长应该让孩子学会在更长的周期内去看待自己的目标。因为很多时候，孩子之所以会对考试感到焦虑，只是因为他们压短了时间轴。孩子需要考虑的应该是自己的人生目标，高考不过是其中的一个阶段而已。

冯老师小课堂

教育的最终目标是为了分离

我有一个朋友，曾经在湖南的一个县城读书，后来考到一个很知名的中学，就到了省会长沙。尽管这所学校并不是他最初的理想选择，但他还是在这里完成了初中学业。中考时，他没能考入这所学校的高中部，只好选择了国际部。

在国际部的学习中，他表现出色，成功考上了纽约大学。毕业后，他在纽约的华尔街工作了几年，结交了许多投资银行的朋友。几年之后，他回到北京，开始在金融街从事各种投资工作，取得了非常不错的成绩。

他能走到今天这个高度，他的父母功不可没。我看到的是，他们做对了一件事，那就是实行完全民主化，不干涉他的生活，充分信任他并给予他自由的空间。

他在长沙读书时，他的父母住在县城，因此他完全独立自主，自己处理自己的事情。他从小就开始自己管理零花钱和生活费，初中时开始自己挣钱。高中时，他就加入了“模拟联合国”，并把湖南省的“模拟联合国”项目承包下来，一年挣了 50 万元。他在美国上学的时候，也是自己挣生活费。

他可以自己决定参加各种活动，只需要告诉父母即可。在家庭会议上，他有完全独立的发言权，甚至可以影响家庭决策。他的父母只关心他是否有过违反道德和法律底线的行为，不许他做坏事。

我一直说，教育的最终目标是为了分离，而不是把孩子留在身边。现在教是为了以后不教，现在管是为了以后不管。如果家长一直不放手，总是替孩子做决定，那孩子永远都做不了自己。

亲爱的家长，在你为孩子做决定之前，不妨问自己一个问题，如果你以自己的经验，给孩子设定一个正确的成长目标，当社会发生变化时，你的经验、你设定的目标是否还适合孩子的发展需要？

青春期孩子，这样养育就对了

孩子进入青春期之后，会需要更多的独立空间。对家长来说，如何在满足孩子需求的同时，进行良好的教育，是一个需要认真思考的问题。

我的建议是，民主型教育会是一个很好的选择。民主型教育的目的是“现在管是为了以后不管”。它可以为孩子提供更多的自由度和独立空间，有利于孩子自然地成长，让他们变成自己想成为的样子。

教养孩子，家长容易踩的三个雷

为什么很多家长教养不好青春期的孩子？最核心的原因是，他们选择教养方式的逻辑，不是遵循孩子的成长规律，而是以自己的期待为标准。

关于青春期孩子的教养方式，我总结了家长最容易踩的三个雷。

第一，亲子关系不好。

有些孩子，总是故意和家长唱反调，不断地给家长制造各种麻烦。对家长来说，这是很头疼的一件事。比如，孩子明明喜欢体育，家长给他报体育班，他却找各种理由推托。家长给孩子报了作文班，他很喜欢那个语文老师，却总在课堂上捣乱。

很多家长会把原因归结为，青春期的孩子总是充满对抗，难以管教。实际上，他们跟家长产生矛盾的主要原因是亲子关系不好。比如，孩子没有感受到家长的爱，就会用制造麻烦的方式吸引家长的注意力。如果家长只看到孩子在制造麻烦，对他进行一顿批评，那么非但解决不了麻烦，还会把孩子越推越远。

对孩子来说，关系不好，一切就都不好。他们一旦认为一个人不好，或者不认可这个人，那么与这个人有关的所有事情，他都会认为是不好的。无论你是他的父母，还是老师，他都不会和你好好沟通。

归根结底，教养孩子，最重要的是先处理好亲子关系，这样才能顺畅沟通，孩子才愿意听家长的管教。

家长和孩子的关系不好，带来的最严重的后果是，家长永远是最后一个知道有关孩子坏消息的人。怎样做才能避免这种情况呢？我的建议是，家长至少要承担有关孩子的一项活动。

比如，孩子的课外班由妈妈负责，这个过程中，孩子和妈妈一定会有很多沟通，妈妈可以了解孩子更多的信息；家长会由爸爸负责，爸爸和孩子就多了一个沟通渠道，他们的关系也会变得更紧密。

课外班和家长会，都是家长和孩子沟通的窗口，有了这些窗口，家长就不会缺位，就有机会和孩子产生更多的联结和沟通。家长和孩子的关系也会在这些联结和沟通中越来越近。

第二，缺少情感的沟通。

很多家长和孩子的沟通，都是简单地满足孩子的需求，不带任何情感因素。比如，孩子说饿了，家长就给孩子买东西吃；孩子的鞋坏了，家长就给孩子买双鞋。家长只是满足了孩子的表层需求，却没有与他们产生情感联结。

在这样的沟通中孩子感受不到爱，沟通的意愿自然不足。更糟糕的是，有一部分家长，会把孩子的这种表现，简单地归结为是孩子内向、不会表达，甚至认为这是听话的表现。他们不知道，孩子其实会表达，只是他们不想对家长说心里话。

如果孩子把深层表达的心门关上，那对家长与孩子来说，你们之间就永远只有对事情的沟通，而没有任何情感的沟通。

所谓情感沟通，就是孩子愿意和你讲“废话”。比如，孩子和闺密的私事、对朋友的评价、对家里事情的看法……所谓的废话是关于孩子自己的主张、情绪和态度的内容，它无关乎一件具体的事情，更多的是关于个人的感情。

总之，孩子是否愿意和你讲“废话”，是衡量你们亲子关系质量的重要标准。

第三，看不到孩子的优点和资源，更多的是看到问题和缺陷。

我们教育中认同的底层逻辑，其实是挫折教育。在学校，老师习惯性地看见学生的问题和麻烦，总是批评和责备他们。在学生心里，学校的德育班和德育校长主要就是训人的机构和人员。在家里，父母更多地看到老师和其他人对孩子的负反馈，自己也总是盯着孩子的问题和毛病，于是孩子接收到的信息便总是否定和责备。这样的教育逻辑严重挫伤了孩子的自信心和自尊心。

我想问一下家长：让孩子将来能够发展得好的、能够点燃一个孩子“内心火种”的，到底是他的优势还是问题？到底是总有人告诉他哪些不行，还是有人不断地提醒他哪些可以做得很好？

做好这四点，有效沟通就不难

青春期是孩子成长的特殊时期，了解了青春期孩子的心理特点，你就能顺着他们的特点去沟通，就像庖丁解牛一样，这样沟通就会轻松简单。

想要和孩子有效沟通，我有一些建议可以分享给大家。

第一，除了学习，也要与孩子经常聊聊轻松和亲近的话题。

大环境中，亲子沟通的重点，好像都集中在了学习相关的主题上，家长与孩子交流时，常常开口就是作业和考试，或者任何话题聊不到几句就又回到学习相关的主题上。这也难怪孩子除非必要的事情，都尽量避免和父母聊天的。

孩子在家的时间本来就不多，家人一起聊天的时间就更少了，你不妨与孩子经常聊聊有利于情感联结的内容。比如，爸爸和孩子在一起时，可以谈谈与妈妈有关的事情，或者奶奶的健康问题，并提出一些解决方案，询问孩子的意见。也可以聊一聊最近身边发生的一些趣事，和孩子轻松地沟通起来。

一般来说，八卦的话题可以使双方聊得更投入、更彻底。因此，增加这类话题的沟通，可以让家人之间的关系更加紧密。

第二，在与孩子交流时，不要评价和指导过多。

很多家长，尤其是中年家长，会专注于指导孩子怎么做，而不是倾听孩子的心声。这样会让孩子感受到压力和不被尊重。家长与孩子交流时，好的做法应该遵循三点：不评价、不打断、不指导。

每个孩子都是独立的个体，都有自己的人格和思想，尤其是青春期的孩子，个人意识会变得更强。家长应该尊重孩子的想法，理解他们的表达，在孩子主动要求建议的时候，再给予他们适当的指导。

第三，家长和孩子的沟通中，独立联结的时间是非常重要的组成部分。

在与孩子独立联结的过程中，家长可以分享一些自己的趣事。比如，关于工作的，关于朋友的，关于家庭的，关于未来的，关于社会的，等等。罗振宇说过，他和女儿们沟通的时间不多，但是他们家在早饭时间有个“工作汇报”，就是把他自己每天的日常行程，见了什么人，做了什么事和女儿们叙述一遍。结果发现，这种沟通很能够拉近彼此的心理距离。

联结的时间，可以是每天饭后一起散步时，也可以是周末一起出游时。

我有一个朋友，他的女儿高中毕业即将进入国外的大学。为了让女儿不被金钱和高端体验迷惑，他花费 10 万元，带女儿光顾了长沙所有的高档场所、高档小区和五星级酒店。

虽然家长的这个做法有利有弊，但是这些体验可以让他女儿增长见识，她提前体验了这些高档场所，就知道这些地方也不过如此，不会轻易被它们诱惑。

除了让孩子长见识，我朋友的这个举动还有多方面的意义：首先，孩子可以独立与父亲相处。孩子即将跨入人生的新阶段，读大学后，亲子之间的相处时间会变得越来越少，这次是难得的相处机会。其次，父亲的表现对于女孩认识和判断男性的品质和性格非常重要。父亲可以通过女儿的行为举止，来判断未来是否存在隐患，并对她加以引导，告诉女孩要看重一个人的品质和性格，而不是盲目追求金钱和物欲世界。

需要注意的是，独立的联结时间与家庭活动是两码事，两者不能混淆，也不能互相替代。

第四，家庭活动可以增进亲子关系。

在活动中，家庭成员欢聚一堂，可以在相对轻松的环境中完成沟通。例如，每周一次的家庭集体做饭、种菜、桌游等。对于青春期的孩子来说，这些活动他们是有能力参与其中的。

冯老师小课堂

安排与孩子独立联结的时间

我有两个女儿，大女儿10岁了，正在进入青春期的阶段，我能感受到她的明显变化。我们的关系一直非常好，主要原因是她会和我分享各种话题。比如，她对哪个男生有好感，她和闺密吵架了，等等。她对自己的外貌和穿着打扮都很在意。每天出门前，她都会和我交流各种衣服的搭配和整理，这种交流让我们更加亲近。

我坚持认为，与孩子建立独立联结的时候，需要刻意安排时间来经营亲子关系。我和女儿沟通时，一定会安排一个只有我们两个人的独立联结的时间。我们会一起做一些有趣的、只有我们才知道的事情。比如，一起看电影或者逛书店。

和孩子独立联结的时间不用很长，但是要特别专注，在那段时间里，家长不做任何其他事情，最好手机也不带在身边。

我们要与孩子多谈感情，少谈事情。为什么？因为独立联结的目的就是增进亲子关系，是为了更好地和孩子沟通，听听孩子的心里话。如果你把独立联结的时间变成了解决问题的讨论会，那注定孩子将越来越不喜欢和你在一起的时间。

家长在做任何一件事情前，都请问自己一个问题：和孩子的联结时间，到底是为了增进感情，还是解决事情？

读懂孩子的心，看到他们的需求

记忆中，我的青春期阶段，最主要的心理需求是被认可、被认同，特别是面对同龄人，这种心理需求尤为强烈。

青春期孩子的家长，在面对孩子的各种要求和问题时，一定要从孩子心理需求的角度去思考，而不仅仅从自己的教育理念出发。比如，我想让女儿改掉吃零食的习惯，但是直接要求她改，一定是很难的。一次偶然的机会，我知道她有一个不吃零食的好朋友，立刻就意识到时机来了。很快，我组织了一次家庭活动，邀请女儿的朋友和家人一起去野外游玩。游玩的过程中，大家坐在一起，聊了聊吃零食对身体发育有什么影响。和同龄人交流之后，我女儿也进行了反思，深刻认识到了吃零食的一些坏处。

这样的教育方式，对我女儿来说更温和，效果也更好。如果我只是强硬地要求她不要吃零食，或不给她买零食，我想，她会和我发生矛盾甚至是对抗，这对我们的关系和事情的处理都没有好处。

孩子的心理需求，就是与家人相比，更愿意接受同龄人对他的影响。我们可以通过了解他们的朋友圈子和兴趣爱好，为他们提供更多的社交机会和支持。

对孩子要有底线的要求

回想起来，我在青春期算是没有犯过大错，但我在个人管理方面确实存在一些问题。一定要寻找根源的话，我父母的焦虑和中年危机，可能是引发这个问题的原因。我能感受到，有时候，父母会把他们的焦虑转移到我身上，让我感到更加焦虑和困惑。父母面临着中年危机，而我处于青春期危机中，这让我们无法顾及彼此。

没有父母的指导和帮助，我在很多事情上缺乏足够的认知，也不知道应该如何管理自己。就我自己的经历而言，我感受到的是，家长至少应该帮助孩子建立正确的道德观，要有法律意识，要明确告诉孩子哪些事情是不能做的。

比如，家长应该明确告知孩子，不能偷别人的东西。小时候在农村，我常常摘别人家种的蔬菜、水果等，桃子、黄瓜都是我的“猎物”。对于那时的我来说，这样的行为可能只是一个“可爱”的错误。但是，长大后再看待这样的行为，就会发现这是很严重的问题。如果当时父母给我树立了底线，我就不会一而再再而三地犯同样的错误。

对我产生深远影响的，还有我内心的自卑感。小时候，家里很穷，我对自己的穷困感到自卑。但是，我的父母并没有看到这个问题。我的自卑持续了很长时间，每当和有钱人在一起时，我都会感到不自在，却又很容易听从他们的意见和想法。这让我陷入了巨大的内耗之中。

如果当时父母能告诉我，贫穷不能定义我的全部，我还有独立的思考能力和意志力，它与贫富无关。那我对于一些事情的选择，就不会那么容易受到别人的影响。他们能教育我这一点的话，我会感受到自己内心的强大和自信。

我相信，有很多人会像我一样，被小时候的一些心理需求困扰。让我感到庆幸的是，随着阅历的增加，我几乎填补了小时候的心理缺失。也正是因为小时候的这些困扰，更让我知道了现在应该如何教养自己的孩子，应该如何满足孩子真正的心理需求。

满足孩子心理需求的五个方法

满足孩子的心理需求，可以帮助孩子建立健康的自我认知和自尊心，从而提高孩子的自信心和社交能力，为他们未来的发展奠定基础。在此，我总结了五个满足孩子心理需求的方法。

第一，为孩子确定两三个正向优势标签。

在孩子进入初中之前，家长至少要和孩子一起找到两三个正向优势标签。比如，孩子身材高大或擅长画画、体育、科学等。进入初中后，孩子可以凭借这些优势扩大自己的社交圈子，并确认自己的价值。

如果孩子在运动、成绩等方面都很一般，没有特别突出的优势，那么这项工作要提前到小学阶段去做。孩子上小学时，家长应该与其探讨有可能发展成为优势的领域，以免孩子进入初中后没有价值感和存在感。

当然，确定优势的前提，是要确保这些优势真实地存在于孩子身上。

第二，培养孩子的优势，而不是弥补他的短板。

从小学四年级开始，家长就应该注重培养孩子的优势，而不仅仅是去弥补他的短板。为什么这样说？经验证明，花费一两年的时间去弥补短板可能很难看到成效。但是强化优势，可能短时间就能看到效果。因此，家长应该与孩子一起发现并强化他们的兴趣与特长。

我经常建议家长，多带孩子去各种兴趣班，只要孩子想上的兴趣班，就可以全部报一遍，以便孩子找到自己真正感兴趣的领域。再通过细致的观察，发现和加强他真正的优势，慢慢筛选，最终固定几个长期发展的项目。

第三，培养孩子的阅读习惯。

阅读习惯会让孩子终身受益，我推荐两种培养方式：第一种，疯狂给孩子买书。家长可以不计成本地买各种类型的书，摆放在家里的各个角落，卫生间也不要落下。这样做可以大大增加孩子接触书籍的机会。尤其是没有特长的孩子，他们的内心往往感到孤独，随处可见的书是他们最好的伙伴。这种状态下，他们更容易真心喜欢上读书。第二种，让孩子参加一两个读书会。读书会是一个很好的社群，孩子可以在这里找到自己的价值感。通过分享图书，他可以看到自己在某些方面的优势，增强自信心。

每一本书，都蕴藏着作者的思想和灵魂。通过读书，孩子可以与作者产生思想的联结。无论孩子需要什么、想满足什么心理，都能在书中找到答案。

第四，让孩子在社团中找到归属感。

家长可以陪着孩子，一起参加一些校外的社团活动，让他与同龄人交流，找到更适合自己的圈子。为了让孩子有参加社团活动的热情，家长可以采取以下几种方法。

1. 让他参加多个不同的社团，选出最适合的一个。

2. 用娱乐的方式吸引他。例如，野外探险、攀岩、竞技等，用玩的方式来体验，孩子的接受度更高，参与热情更强。

3. 把选择权交给孩子。让他感受到自己的主导权，他才会更加积极地参与其中。对孩子来说，这才是最重要的。

加入一个新的社团后，孩子可以展现全新的自我，能够找到不一样的归属感。

第五，做个会玩的家长。

很多家长自己喜欢玩，却不知道怎么带着孩子玩。遇到这种问题，应该怎么办？有一个简单的办法，就是孩子玩什么，家长就陪他玩什么。另一个办法，是让孩子参与到家长的工作中，让他们体会成年人世界中的快乐和艰辛。在玩的过程中，家长就言传身教地对孩子进行了教育。

心理需求不是聊出来的，是在联结中看出来的。想知道孩子的真实心理需求，家长要多关注孩子的情感和行为，多感受孩子的心理状态。

冯老师小课堂

有效的家庭戏剧扮演

在家庭教育中，很多人在提倡感同身受、换位思考。这种枯燥的词汇，对孩子并没有足够的吸引力，而通过角色扮演，则能让孩子产生更深刻的体会。

在广东省顺德市，流行一种非常有效的家庭教育方式，叫家庭戏剧。简单来说，就是孩子扮演家长的角色，家长扮演孩子的角色。孩子用家长的语言教育家长，让家长体会孩子听到家长训斥时的感受。相应地，家长也抽离身份，扮演孩子的角色被训斥，从而认识到自己的不当言行。

如果孩子已经陷入某一个角色难以自拔，也可以让他从这个角色中抽离，站在第三人的视角去重新看待这个角色。

角色扮演是一种非常有效的家庭教育方式。通过角色互换，家长可以更深刻地理解孩子的心情和感受，并为家庭问题找到解决方案。这种方法不是要告诉家长和孩子应该怎么做，而是提供一个契机让他们体验不同的身份和视角。最终的目的是让家长意识到自己的不当言行并作出改变。

家长要去体验教育，而不要去灌输教育。如果你跟孩子之间出现了问题，你愿意尝试家庭戏剧扮演的游戏吗？

做好沟通的三个动作：听、说、讨论

实际上，沟通只需要三个动作：听、说、讨论。如果家长在管理孩子时沟通出现问题，那么问题多数出在这三个动作上。

其中，最严重的错误是在“听”和“说”的过程中直接下达指令，既没有给孩子解释的机会，也没有说明下达指令的理由。在“讨论”这部分，家长也容易出错，如只顾自己解释、不让孩子解释或者忽视孩子的解释等。

沟通常见的八个误区

同青春期孩子沟通，父母常犯这八个错误。

误区一：家长说得多，听得少。

这个误区，主要是做错了“听”这个动作。这样的沟通是单向的，无法做到信息对称，难以形成沟通闭环。孩子自然不愿意与家长沟通，家长也很难了解孩子的真实想法和感受，于是造成了很大的沟通误会。

要跳出这个误区，家长要多听少说，最好还能做记录。

误区二：家长喜欢评价孩子。

这个误区，主要是做错了“说”这个动作。这种沟通方式中，家长往往站在自己的角度，对孩子展开批评或者表扬。过度的批评会让孩子的自尊心受挫，不符合孩子期待的表扬则会让孩子对沟通失去兴趣。

家长应该学会反馈自己听到的内容，而不是给出自己的价值主张。

误区三：家长讲道理，希望孩子听道理。

这个误区，主要是做错了“说”这个动作。这样的沟通中，往往是家长喜欢说教，孩子又听不懂或者不喜欢听，于是产生了矛盾冲突。

要跳出这个误区，家长要知道，自己所坚持的不一定是对的，也不一定是满足孩子需要的。不妨听听孩子对事情的看法，跟孩子换个角色试一试。

误区四：家长本身没有主张，不知道如何与孩子进行沟通。

这个误区，主要是做错了“说”这个动作。家长没有沟通的思路，无法聚焦沟通内容，这里讲一句，那里讲一句，难以吸引孩子的注意力。

要跳出这个误区，家长要在沟通前想好主题，做好预演。

误区五：家长脾气比较火爆，很容易和孩子发生冲突。

这个误区，主要是做错了“说”这个动作。家长和孩子沟通时，动不动就发脾气，一言不合就怒火中烧，导致沟通无法继续。

要跳出这个误区，家长要选择自己情绪平和的时候再与孩子沟通。

误区六：家长不敢说孩子。

这个误区，主要是做错了“说”这个动作。家长一旦说了孩子，双方就会发生激烈的冲突，导致不欢而散。于是，家长选择不说孩子，或者害怕说孩子。这种方式下，家长把自己放在了弱势地位上，这也是一种错误的沟通方式。

要跳出这个误区，家长需要坚持底线原则。如果自己做不到，那就召开家庭会议集体决策。

误区七：家长说了也没用。

这个误区，主要是做错了“说”这个动作。这种沟通方式中，家长的话对孩子完全没有影响力，无论说什么孩子都当耳旁风。这背后反映的是孩子对家长的不尊重。

要跳出这个误区，家长要先在对等的沟通中找回尊严，再谈问题。

误区八：家长习惯指责孩子，不习惯共同承担责任。

这个误区，主要是做错了“说”这个动作。沟通刚开始的时候，家长很希望好好地跟孩子谈谈，可是随着沟通的深入，家长会不由自主地指责孩子，却没有看到其中自己的问题和责任。这是因为家长的潜意识中已经习惯将问题和责任指向别人，而不是自己。

要跳出这个误区，家长要在沟通前先整理好彼此的责任，然后从自己的责任开始进行交谈。

家长在与青春期孩子进行沟通时，需要注意避免以上八个误区，尊重孩子的个性和需求，与孩子建立良好的沟通渠道，注重平等的讨论，才能有效地引导孩子成长。

孩子说到做不到，家长应该怎么做

要想沟通有效，首先就要做到说话算话。当孩子说到做不到时，就会让很多家长感到头疼。孩子为什么说到做不到？我大致总结出两个原因：第一，家长说到没做到。如果你自己只能做到 50%，就别要求孩子做到 50% 以上。第二，青春期孩子的前额叶皮质发育不成熟。前额叶皮质在大脑中是负责自我控制的组织，这部分一般最晚要到 25 岁才能发育成熟。所以，很多时候孩子说到做不到可能是生理因素。相比之下，过了 25 岁的成年人，自控力已经发育成熟，说到做到是理所当然的。因此，我们应该更包容青春期孩子说到做不到的情况，但是要要求自己说到做到。

了解了孩子说到做不到形成的原因后，该如何提高孩子说到做到的概率呢？我总结了两个方法。

第一，家长可以提供监督和提醒。

当孩子说到做不到的时候，家长可以温和地及时提醒。家长还可以提供工具，如设置闹钟，来帮助孩子记住要在几点钟干什么。

第二，让孩子加入学习小组。

在学习小组中，当孩子做不到的时候，小组成员就可以提醒他。同年龄段孩子的提醒和帮助，有时候比家长的提醒更有效。

总之，只有家长做好了，孩子做好的可能性才会越来越大。

透过聊天内容接触情感，满足需求

通常来说，聊天由三个维度构成：内容、情感和诉求。在聊天的过程中，我主张的是接受性倾听。如果用一句话来概括这种姿态，那就是透过聊天内容接触情感、满足需求。

第一个维度是内容。

在这里，我们要做的是冲破内容。在与孩子沟通时，我们通常只关注他们所说的内容，实际上，孩子表达的情感和需求同样重要。

例如，有一个女孩，家长已经给她买了两本书，但她还坚持要买第三本书，这看起来只是一个内容上的事，实际上，可能是她想打破父母对她限制的情感需求。

这个孩子可能一直觉得，父母不愿意在她身上花钱，而更愿意在她妹妹身上花钱，这让她觉得不公平，且受到了限制。因此，她坚持要买第三本书，为的是验证和打破父母对她的看法和对待方式。家长只需要确认她这个诉求就可以了，这本书买不买都不重要，这就叫作冲破内容。

第二个维度是情感。

在这个维度上，我们要学会接触情感，即理解孩子体验到的情感并描述出来。这个孩子自认为受到了父母的不公平对待，感到烦恼和失望，她需要得到父母的认可和同等的爱。家长只有理解了孩子的情感需求，才能更好地与他们沟通，并建立更亲密的关系。

如果我是这个女孩的妈妈，我会这样与她沟通："是不是因为妹妹买了三本书，你也想有同样的待遇？你认为只有当你也买了三本书时，妈妈才会对你们一视同仁，重视程度才会相等？其实不是这样的，妈妈对你们的爱是一样的，就像有时候我也会专门给你买一些你想要的礼物一样。如果妈妈的一些做法让你有这个误解，妈妈向你道歉，你以后也要提醒妈妈，我的哪些做法让你有这样的感受了。"

这时，孩子会感受到我的理解和关爱，她会意识到这本书并不是那么重要。接着，我会告诉她："这本书并不是必须要买的，我可以把买这本书的钱给你，你自己决定是要买这本书，还是要用这些钱做其他事情。"这就是接触孩子的情感，理解他们的需求，从而建立更亲密的关系。

第三个维度是诉求。

只有接触和理解还不够，我们还要满足孩子的诉求。它指的是理解孩子情感背后真正想要获得的东西，然后用语言告诉孩子，你已经明白了他的感受。这种沟通方式不局限于某个具体事件，在任何时候，孩子觉得不公平或受到不公正待遇时，都可以向父母反映。

比如，前文提到的孩子想买第三本书的情况，妈妈一开始可能没有意识到孩子的真实需求。后来妈妈明白了孩子的需求，同意她购买第三本书。但如果孩子认为这本书并不那么重要，妈妈也会考虑其他解决方案。重要的是让孩子明白，妈妈对她和妹妹的爱是同等的，只要她表达出自己的想法和感受，这个问题就能得到解决。

其实，在与孩子交流时，我们更需要关注他们的情感需求，而不仅仅是表面的诉求和内容。

冯老师小课堂

顾问式沟通

所谓顾问式沟通，是以建议为主，而非强制要求。作为顾问型的父母，会站在孩子的身边，与孩子同频共振，给出有价值的建议。

有一个男孩，父母都从事法律相关工作，说话方式一直非常模式化。因为儿子在国外上学，他们通常会通过电话或视频通话的方式沟通，这样的沟通常常无疾而终。

于是，男孩的父母向我咨询如何有效沟通。我给他们的建议是，在与孩子聊天时，避免总是谈论学习和生活花销，而是聊聊他的外婆，因为外婆是孩子的主要抚养者，孩子和外婆的感情非常深厚。我建议他们每次都先聊与外婆相关的话题，在通话结束之前再谈一些敏感的话题，如家庭、情感和重要的人际关系等。这就是坚持了“先谈感情，再谈事情”的沟通原则，坚持了从内容，到情感，到诉求的过程。

以前，他们之间的关系非常紧张，聊一小时甚至要用 30 分钟以上的时间来平息情绪。现在情况有所改善，父母会用 20~25 分钟的时间来倾听孩子讲话。这样他们就可能在和谐的氛围中讨论一些彼此关注但是有点敏感的事情。

总结一下，在指导这个家庭的过程中，我做了三件事。

第一件事，让他们回到轻松的话题和情感话题中，不要每次沟通都只固定在敏感的话题上。

第二件事，要以少说多听为主，掌握聊天的节奏。

第三件事，不在通话过程中进行评价，而是将评价和建议留到通话结束后。

家长和孩子的沟通，应该在温馨和亲切的轻松氛围中进行。有了这样的氛围做基础，对方更容易接受后面的评价和建议。

通常来说，顾问都具备专业知识和能力背景，他们的建议是非常有价值的。身为父母，想要成为孩子的顾问，不仅要有专业知识和能力，还要与孩子有情感的联结。

家长们，想要和孩子好好沟通，不妨学着做个顾问。当孩子想沟通时你就说说自己的看法，要不要听可以由他。这样的沟通方式，虽然不一定能够马上解决问题，但至少能够确保你们还拥有良好的亲子关系，拥有沟通的余地。

我主张简单沟通，就是想提醒家长，与青春期孩子沟通，首先要接住情绪，其次要满足诉求。

第二章

如何做个会沟通的家长

简单沟通的本质是什么

我写这本书的目的是什么？为什么要写给家长，而不写给其他人？因为，和孩子沟通很难，和青春期的孩子沟通更难。与其他阶段的孩子相比，青春期的孩子更容易情绪化，这就需要化繁为简，通过简单沟通来解决问题。简单沟通的本质是围绕诉求，匹配方案。我们先从如何走出简单沟通的误区开始。

走出简单沟通的四个误区

通常，初中至高中阶段孩子的家长，对简单沟通的误区主要有以下四个。

误区一：把诉求等同于方案，认为只要提出方案就可以解决问题。

例如，有一天下雨了，家长拿出一把小花伞递给孩子，说："来，把伞打上，不然该淋湿了。"孩子看了一眼小花伞，不但没接，反而还噘着嘴说："我不打。"家长立刻就生气了，他想不明白，孩子为什么宁愿淋雨也不愿意打伞。其实，孩子并不想淋雨，他只是不喜欢小花伞。

在上述案例中，家长和孩子的诉求其实是一样的，都是不想淋雨。矛盾在于，家长认为打小花伞是不淋雨的唯一解决方案，而孩子对此却并不认同。所以，孩子不愿接受家长递过来的小花伞。

我想告诉家长的是，方案只是实现诉求的手段之一。孩子和家长的冲突主要是方案的不一致，如果家长能够跟孩子一起多讨论几个解决方案，并且共同确定一个最终的解决方案，问题就可以解决了。例如，孩子提出要穿雨衣，如果家长也同意，这个问题就解决了。

要走出这个误区，我们需要围绕诉求不断讨论，寻找孩子愿意接受的方案。沟通中最重要的就是理解对方的诉求，不能把诉求等同于方案，并且要让孩子有机会表达自己的诉求，要避免在诉求被表达之前大家都陷入情绪化。

误区二：家长急于解决问题，忽视孩子的情绪。

孩子被逼着打小花伞已经产生了沮丧的情绪，这时如果你再逼着他想出更多的方案，他会更加难受。如果你此刻能够先消解他的情绪，事情就容易处理了。

例如，你可以说：爸爸刚才让你打那把小花伞让你不舒服了，对吗？你觉得爸爸蛮不讲理，你觉得有些沮丧和难受，是吗？爸爸没有体会到你的想法，让你难受了，抱歉！来，爸爸抱抱！我们一起来看看还有没有你也愿意接受的办法，只要你不会淋到雨，我都可以接受……

只有先处理心情，再处理事情，才能顺畅地找到解决事情的办法。

误区三：家长认为自己是过来人，主观上认为自己是对的，孩子应该听自己的。

家长生活在工业时代、信息时代，但是孩子生活在智能时代。我们曾经经历的东西，他们可能不会经历，他们要经历的可能我们也没有机会经历，所以，我们的经验不一定适用于孩子。

要走出这个误区，家长不妨放下自己先入为主的经验，倾听孩子的想法和看法。毕竟，孩子才是当事人，他们的感受和需求比父母的更值得被聆听。同时，家长也可以通过持续学习和了解当前的社会动态，更好地理解和引导孩子。

误区四：忽视关系，重视问题。

举个例子，孩子回家是先玩要再做作业，还是先做作业再玩要？选择的背后，家长需要考虑的其实是关系重要还是问题重要。

如果你强迫孩子当下按照你的方案来做，比如你要求他先做作业再玩要，这种做法可能会让家庭关系变得紧张，即使当下孩子按照你的意愿来做了，心里可能也不情愿，以后你不在场的时候，他还是会先玩要再做作业。但是，如果你能够引导孩子理解你的做法，你给出的理由和引导的方式符合孩子的个性和脾气，他可能就打心里认为你的方案更好，之后就能够主动地这样做。引导孩子认同你，就是把关系摆在问题的前面，从根本上说，关系比问题更重要。关系好，就是要你尊重孩子的个性和自主权。

要走出这个误区，家长就要注重与家庭成员之间的沟通和交流，有了和谐的家庭氛围，问题才会更容易解决。

总之，简单沟通需要先重视关系，围绕诉求，引入孩子的思考和讨论，才能让沟通变得简单。

四个重要步骤，实现简单沟通

简单沟通是本书的核心理念，实现它需要四个步骤，错过任何一个步骤，亲子沟通都会受到阻碍。

第一步：观察事实，描述你看到的事物。

第二步：讲述感受，阐明你对所看到的事物的情绪。

第三步：表达诉求，说清楚你想要什么。

第四步：提出方案，目的是满足你的诉求。

还用让孩子打伞的例子来说明。下雨了，你要求孩子打小花伞上学，但他坚决不肯。这时，你可以首先描述外面正在下雨这个事实，然后向孩子表达，如果孩子淋雨了，你会感到非常担心。接下来表达你的诉求，你不想让他感冒。最后提出方案，让孩子打伞上学。如果你不按照这个逻辑来沟通，你的表达可能就不够清晰、不够全面，孩子就会质疑，你为什么要强迫他做他不愿意做的事情。

表达完你的诉求和方案后，如果孩子依然不接受，那你就要了解孩子的诉求到底是什么，他也意识到了下雨的情况，知道了淋雨的后果，如果他仍然不愿意打伞，可能是因为他认为伞很丑，打这把伞让他觉得自己很傻。

这时你就会知道，问题不在于诉求，而在于方案。你们的诉求是一样的，都希望不淋雨，问题出在“怎么避免被雨淋”的解决方案不一致上。那么，最终的解决方案，可以是让孩子打别的伞或者穿上雨衣。这样既满足了你不想让孩子淋雨的需求，又满足了他不想用丑伞的需求。如果你不与孩子沟通，就不了解他的想法，不知道他真正的诉求是什么，也不知道问题出在方案上，更无法找到正确的解决方案。

只有通过简单沟通，你才能了解彼此的需求，才能明确问题并找到解决方案。

与自己的父母相处，也需要简单沟通

很多家长在了解了简单沟通的误区和步骤后，依然无法在实际场景中，很好地与亲密的家人进行沟通。比如，和自己父母的沟通，对很多人来说就是一个极大的难题。想摆脱这个困扰，我认为要把握以下三个原则。

第一个原则：家长要与自己的父母确认边界感。

在孩子的教育问题上，家长是第一责任人，与自己的父母确认边界，可以更好地表达自己的想法，同时可避免冲突的发生。

以我自己来说，在教育孩子的问题上，我和妻子最有发言权。在任何情况下，我的父母都只有建议权，而我们则保留决策权。

因为我们没有跟父母住在一起，有的时候，如果我和妻子忙不过来，需要父母帮忙照顾孩子，我会非常明确地告诉他们需要做什么，以及需要多长时间，而且我一定会使用“请”这个字。这就意味着，父母帮忙照顾孩子这件事情并非出于本分，而是出于情分。如果他们愿意帮忙，我很高兴；如果他们没能帮忙，我也觉得很正常。总之，不要将情分和本分混淆在一起。

比如，我需要他们代替我参加家长会，时间是下午三点到四点半。那么，我会提前为他们安排好车，让他们更便捷、舒适地出行。开完家长会，我会安排车送他们回去，并为他们提供一些报酬。如果他们拒绝接受报酬，我会买一份礼物送给他们。

在与原生家庭的关系中，清晰的边界是保证良好关系的基础。有了它，才能让沟通在可控范围内有序展开。

第二个原则：不要妄图改变父母。

很多家长觉得，自己的认知更符合时代要求，期待父母按照自己的想法去沟通、去教养孩子。可是，父母经历的年代、生活的环境和我们不一样，接受的教育方式也不一样，其教养观念很难与我们保持一致。我们试图改变自己的父母，首先是对他们的不尊重，其次会引发矛盾和冲突。

比如，你的父母用比较严厉的方式教育你的孩子，而你认为这种方式过于严格，希望他们更加注重孩子的自主和独立。对父母那个年代的人来说，最重要的是把孩子养大，你对他们的期待显然不符合他们的思维方式。在这种情况下，如果你妄图强迫父母改变教育方式，就很有可能会引发对方的不满和双方的冲突。

父母的信仰和价值观，往往是他们一生的经验积累，你需要给予他们足够的尊重。不要试图改变他们，强迫他们接受你的观点。你要尊重孩子的自主发展，也要尊重父母的成长经验。

家长要尝试理解和接受父母与我们的不同，划清边界，最好不要常年生活在一起，把彼此的差异和冲突降到最低。

第三个原则：以表达自己的感受和诉求为主。

受从小被管教的影响，很多家长都羞于或是不敢把自己的真实想法告诉父母。其实，明确表达自己的感受和诉求，会让沟通变得更高效。

谈感受的话，可以这样说："你们曾经那样教育我，当时我没有反抗，但现在我认为你们的教育方式有问题。我不同意你们那时的想法，因为它对我现在的生活产生了影响。"

谈诉求的话，可以这样说："在你们家里，你们可以这样要求我，但在我的家里，你们这样做不行。我已经成为别人的丈夫 / 妻子，我有权利按照自己的想法去做事情。如果你们接受不了，我就不会让你们参与孩子的教育。"

这就是我和父母沟通的原则和主张，有些人可能无法理解和接受，但根据我多年的咨询经验可以发现，表达出自己的感受和诉求，就不会像很多三代同堂的家庭中的人那样，被迫忍受、内耗严重。

对于正在被迫忍受的人，我给大家一个小建议：如果你发现，原生家庭中存在难以解决的问题，你至少可以作出一个改变，那就是不让这样的难题在你的家庭中重复出现。

现代家庭的难题在于多代同堂。于是，原生家庭的养育风格很容易在父母的参与下被刺激出来，重现当年自己经历的养育方式。所以，如果有条件，我还是觉得家长要自己单独养育孩子。这样有利于隔离原生家庭的影响，虽然你们可能更累，但是养育的效果可能更好。

伴侣之间，三个交流原则不能忘

有时候，忙碌的生活和工作会压得人喘不过气来，也使得夫妻之间的沟通时间变少。因缺乏足够的沟通时间，夫妻之间很难有效地表达自己的想法和感受，导致沟通不畅或不充分。

想要与伴侣建立良好的沟通，也要遵循三个原则。

第一个原则：要明确边界。

所谓边界，是指伴侣之间的问题，不要转移到孩子身上。例如，你和丈夫吵了一架，情绪不好，却对孩子发脾气或动手，这就是没有掌握好边界。

作为家长，你首先要控制好自己的情绪，然后再与孩子对话。这样可以有效避免把负面情绪传递给孩子。如果伴侣之间可以建立明确的边界，那么与孩子的沟通也会变得简单轻松起来。

第二个原则：讲“废话”。

所谓讲“废话”，是指与某个具体家庭决议不相关的闲聊。伴侣之间可以谈论自己的工作和生活中的琐事。比如，你可以和自己的伴侣说，公司最近发生了一些事情，我感到很难过，我想和你聊一聊。

有时间闲聊的伴侣，关系都不会差。如果你发现，你和伴侣基本没有闲聊的时间，都是在讨论家庭事务，如孩子的兴趣班、孩子的升学、家里的装修、老人的赡养……那么你们的关系可能不够亲密。

要知道，闲聊是关系亲密的表现之一，当孩子发现父母没有闲聊，缺乏亲密感时，也可能产生想帮忙的冲动。在这种情况下，孩子可能会制造各种问题，以重新提升你们的关系并恢复亲密感。

例如，孩子可能出现叛逆、厌学等问题，或者制造一些麻烦来引起父母的注意。孩子这样做，就是希望父母能团结起来解决问题。孩子想帮忙时想不出其他办法，就会把自己变成问题来团结你们。

与其等到孩子身上出现种种“不良”习性，不如伴侣之间从一开始就多讲“废话”。伴侣之间通过讲“废话”来沟通，能够增加彼此的亲密感，会让孩子更有安全感。

第三个原则：家庭角色和社会角色要切割开来。

伴侣之间沟通时，家庭中的角色与社会地位、经济权利、挣钱能力没有太大关系。比如，一个人在公司的身份是管理者，要负责管理团队，作出重要决策。可是，一旦回到家庭中，这个人需要放下工作中的角色，成为一个温暖有爱的丈夫或妻子。

如果将工作中的等级观念迁移到家庭中，就会产生很大的问题，沟通更加困难。伴侣之间的沟通不仅要明确边界，还要多讲“废话”，不要将社会角色代入家庭角色中，把握这样三个原则，会使伴侣之间的沟通更有效。

冯老师小课堂

父母与我的沟通

很多家庭中，都存在着或多或少的暴力式沟通。这种沟通方式，是父母通过威胁、恐吓、施加压力等方式来达到自己的目的，而不是通过平等、尊重、理解和协商等方式来进行沟通。从小生活在暴力沟通中的孩子，很容易产生恐惧的心理阴影。

我小时候，父母就经常对我进行暴力式沟通，他们与我对话，通常使用祈使句，要求我按照他们的要求做事情。如果我不听从指挥，他们便会使用各种手段来强迫我服从。这种沟通方式让我很不舒服，却又不得不被迫承受。

我记得小时候，我最喜欢和一位阿姨聊天，因为她愿意听我说话，愿意倾听我的想法和感受。如果我们聊 40 分钟，我会讲 35 分钟，而她只讲 5 分钟。对我来说，这就是真正的“会沟通”“会聊天”。

输出是单向的，沟通是双向的。沟通的真正目的是理解对方语言背后的情绪和诉求，而非抓住表面现象和表层的东西。只有多听，才能理解对方的情绪和诉求。如果你讲的话孩子都不愿意听，又有什么机会通过沟通来解决问题呢?

远离坏情绪的四个方法

每个人都有情绪，这是毋庸置疑的。与人沟通时，好的情绪可以鼓舞人心，坏的情绪则容易伤害对方。尤其对于家长来说，带着坏情绪与孩子接触，既容易引发矛盾和冲突，也容易对他们造成伤害。因此，我才一直建议家长先消解情绪，再与孩子接触。

当然，家长如果能意识到坏情绪对自己的影响，提前采取措施，或者在日常生活中加以练习，找到远离坏情绪的方法，那是最好不过的了。我经常用到的方法有以下四个。

第一个方法：提醒。

在对孩子发火之前，家长可以先提醒他们注意安全，并告诉他们“我要发火了”。有了这种提醒，孩子心理上做好了准备，对家长的情绪也就不那么害怕了。

第二个方法：离开现场。

家长要告诉孩子，在你情绪不稳定的时候，他们应该怎么做，应该如何与你相处。最好的做法是让孩子先回避一下，或是你自己离开现场。

第三个方法：保持规律的生活。

如果你的生物钟很紊乱，情绪就会变得不稳定。这样的话，孩子会感到害怕，因为他们不知道你的情绪何时会突然发生变化。所以，你要养成健康的生活习惯，好好吃饭、好好睡觉。

第四个方法：要处理好夫妻关系。

一般来说，我们的情绪来源主要有两个：一个是夫妻关系，另一个是工作环境。在这两者中，夫妻关系的影响更为显著。尽管许多男性和女性都能做到不把工作上的压力和情绪带回家，但只要夫妻关系存在问题，就会导致情绪转移给孩子。因此，处理好夫妻关系，是远离坏情绪的根本所在。

在亲子沟通中，家长的情绪对沟通效果的影响很大。家长懂得了如何远离坏情绪，孩子在潜移默化中也就掌握了相应的方法。因此，家长要主动学习一些新颖且实用的方法，来解决层出不穷的情绪问题。

有方案地跟孩子沟通

除了以上这些，家长要远离坏情绪，还有一个办法，那就是带着方案跟孩子沟通。

作为父母，当你有想法想让孩子接受时，那你就要有方案地跟孩子沟通。这样就可以避免激起孩子的情绪反应。如何做到有方案地跟孩子沟通呢？

举个例子，你想培养孩子的阅读习惯，但是无论你怎么和孩子说，他就是不愿意读书。这让你非常焦虑和沮丧，以至于每次看到孩子做与阅读无关的事情，你就会很生气。之所以如此，是因为你没有找到解决问题的方法，其实你是在气自己，而不是气孩子，但是你的表现就会激起彼此的冲突和情绪爆发。

实际上，你可以通过与同事聊天，了解他们是如何培养孩子的阅读兴趣的。你也可以通过社交媒体等方式加入阅读社群，与其他家长交流经验和方法，这样就可以更轻松地找到可行的解决方案。

另外，我还总结了两种健康的情绪表达方式。

第一种：语言化。

它是指用语言把情绪表达出来，以此理解自己并帮助别人了解我们的情绪和需求。例如，感到焦虑和压抑时，我会告诉女儿："我要准备一场面向1600人的演讲，现在需要专注。请你不要吵，否则我会很容易生气。"

这种表达方式，可以让孩子很明确地知道家长的诉求，这就是简单沟通。

第二种：动作化。

它是指通过行为把情绪表现出来。当我的负面情绪比较多时，我会去跑步、去做俯卧撑、去小区里溜达，以此来释放情绪。

不管怎样，如果孩子让你有情绪了，你不妨给出你的方案，然后把方案语言化和动作化，这样一来，不良情绪可能会被方案替代。

冯老师小课堂 家长要避免成为孩子的“工具人”

家长既要保护孩子的权益，也要保护自己的权益。不能为了孩子的利益，而放弃自己的教育原则。家长要培养孩子的自主能力，让孩子明白他们的责任和义务，学会说“不”，避免成为孩子的“工具人”。

有一个男孩，初中时全校成绩第一，人长得又高又帅。在他们家族中，男孩的地位很高。因此，家族中的所有人，特别是长辈，都操控着男孩的母亲，让她成为孩子的“工具人”。

男孩的母亲却没有意识到这一点，以至于没有原则、没有底线地迁就孩子，在沟通中没有自我，完全被孩子带着走，孩子不愿意听从她的管教。后来，这个男孩要求换班，让他母亲去跟老师沟通，并威胁母亲，如果换不成班，就不上学了。

男孩和母亲的沟通，完全是居高临下的，这种现象是不正常的。在我给孩子的咨询中，我用了角色扮演的方式。我扮演孩子，让孩子扮演母亲。我用他的语言体系攻击他，这让他感到非常难受。我还扮演了他的外婆和奶奶，当着他的面责备他的母亲，他就觉得母亲受到了欺负，对母亲的态度发生了很大改变。

如果没有角色扮演，他根本无法理解母亲的感受，也不会听任何人的大道理。因为孩子从小就被捧在手心里，享受着大家族的所有宠爱。但是，孩子却滥用这个宠爱，把自己的母亲变成了“工具人”。

通过这个案例我们需要明白的是，情绪和需求如果能得到正确的表达，就能够对孩子产生积极的影响。做到这一点，家长才能成为孩子的引导者，而不是无用的“工具人”。

当我们情绪激动时，可以分享自己的感受和想法，但要避免用情绪来攻击孩子。例如，当我们想让孩子停止某种行为时，可以告诉孩子，我们为什么不喜欢这种行为，而不是对孩子进行人身攻击。

切记，你可以用不具有破坏性的方式来表达愤怒，但绝不能侮辱孩子的性格、品格和人格。

家长与老师的沟通，事关孩子的幸福

孩子的生活中，主要有两个场景：一个是家里，另一个是学校。如果孩子在家里不幸福，在学校也不幸福，那么孩子的生活就太不幸了。反过来说，如果孩子在家里和学校都很幸福，那么他得到的就不只是双倍的幸福。所以，家长和老师之间的沟通非常重要，它直接关系孩子是否幸福。

家校沟通中容易忽视的三个问题

家长和老师的沟通，是促进孩子成长的重要环节。如果家长不能把家庭和学校的功能分开，而是同质化，就会造成以下三个问题。

第一个问题：家长成为老师的帮凶。

有的时候，孩子在学校已经被老师批评、打击过了，回家之后，家长接过老师的接力棒，继续打击、批评孩子。这样，家长就成了老师的帮凶。

不管什么情况，孩子在学校已经接受了惩罚，回家之后，家长首先要给孩子解释说明事情缘由的机会，然后引导孩子自己总结其中的问题。在总结中，让孩子看到你跟老师处理方式的不同，孩子可能更愿意承认自己的问题，从而承担责任、改正错误。

这里的关键是，你要看到孩子的委屈，看到其中的漏洞，并且要让孩子有机会表达自己。哪怕都是孩子的错误和责任，你也要让孩子先把情绪宣泄完，在情绪平静了之后，再来处理问题。总之，就是要让孩子看到你跟老师的不同。

当然，如果老师已经处理得很好了，你就只需要表达对老师的谢意就行。

第二个问题：对抗老师，恶化关系。

某些情况下，家长如果认为老师没有师德，或者在自己孩子的问题处理上有所欠缺，在没有跟老师沟通和确认的情况下，就找到学校，向老师的领导投诉，就容易导致关系恶化。这种情况，可能引起老师对孩子产生情绪，导致孩子在学校的生活难过，这不仅不利于师生关系，也不利于孩子的学习和成长。

第三个问题：混淆家长和老师的角色。

老师的主要职责是教授知识、培养能力，而家长的主要职责是教孩子如何做人。如果家长只注重孩子的学习和能力的培养，而忽略了教孩子如何做人，那么，孩子的道德和品行培养就会出现问题。

上述三个问题，需要家长予以重视。家长与老师沟通融洽，将有助于提高孩子的学习成绩，促进孩子的全面发展。

用好这三个方法，形成家校同盟关系

家长是孩子和老师之间的桥梁或者润滑剂，在他们之间扮演着重要的角色。家长最该做的事情，是在孩子面前说老师的好，在老师面前说孩子的好。这样做的目的是促进老师和孩子之间的沟通和信任，让他们更好地合作和相处，从而促进孩子的成长和发展。

那么，家长如何才能和老师形成同盟关系，有效沟通呢？我总结了以下三个方法。

第一个方法：家长需要向老师展示孩子没有被发现的优点。

比如，孩子的成绩不太好，这是事实，我们不能美化。但他有乐于助人的品德，老师可能并不了解。这时，我们可以通过视频、语音、图片等方式向老师展示孩子的这个优点，让老师对孩子有更良好的印象。

在不断向老师传递孩子身上优点的过程中，家长可以与老师建立更紧密的联系。

第二个方法：引导老师以双视角看待孩子。

有些老师常常看到孩子的问题和不足，在与这种类型的老师沟通时，我建议家长多使用我的咨询技巧。例如，我会问老师："如果孩子成为您眼中最优秀的学生，明天您见到他时，会有什么不同的表现和态度？"

我从来不会责怪老师为什么只看到孩子的问题，而是用积极的启发式语言与老师交流，希望老师能够多看到孩子的优点和潜力。另外，即使孩子的成绩不是特别突出，也要让老师知道孩子的努力和毅力。

多让老师看到孩子身上的优点，老师就会对孩子了解得更全面，会给予孩子更多的鼓励和帮助。

第三个方法：多送给老师好书。

我很喜欢阅读，尤其是家庭教育方面的书籍。我孩子的老师们都知道我的这个爱好，他们常常能在朋友圈看到我分享的阅读笔记和心得。

我喜欢读书，也愿意把书当作礼物送给别人。这是一件很有价值、很有意义、很有新意的事。例如，我会选择最精致的版本，在书中写上祝福和推荐语，送给老师们。我还会关注教育行业的最新动态，包括各个平台发布的论文。如果这些论文很有价值，我会把它们摘抄下来，用精美的纸张打印出来，送给老师们阅读。

总之，家长应该以诚挚的态度与老师沟通，引导老师看到孩子身上的优点，这样就能与老师形成同盟关系，从而使沟通更有效。

家长要学会给老师提问题

在与老师沟通的过程中，家长要学会向老师提问。通过提问，家长可以更好地了解孩子在学校的表现和情况，也可以帮助老师更好地了解家长的期望和关注点，从而达成协作，为孩子的发展和成长提供有力的支持和帮助。

家长向老师提问，需要注意以下两点。

第一，要关注孩子的优点和潜力，而不是强调缺点。

例如，在家长会上，当你发现你家孩子的成绩在班里排名比较靠后时，你可以这样问老师："老师，您觉得他在什么领域有发展潜力？"而不是："我家孩子排名倒数，您有什么解决方案？"第二种问法不仅让老师倍感压力，也有推卸父母责任的嫌疑。

也就是说，家长应该关注孩子的优点和潜力，并提出富有建设性的问题，这样才能让老师更多关注孩子的积极方面，也更有利于解决问题。

第二，家长和老师一起承担孩子发展的责任。

例如，孩子成绩不好，既有老师的责任，也有家长的责任，更有孩子的责任。家长要配合老师，老师也应该配合家长，共同发力为孩子的健康成长和发展负责。所以，当家长向老师提问时，不能推卸责任，也不能大揽全责。这都不利于家长和老师形成同盟。

总之，家长要学会向老师提问，在提问时，家长应该尊重老师的专业性和意见，理解老师的工作压力和教育理念，建立合作的沟通关系，共同关心孩子的成长和学习。

冯老师小课堂 与老师沟通的小方法

很多家长都希望老师能够重视自己的孩子，那应该如何正确地与老师沟通呢？我认为，要注意两个关键点：首先，家长可以告诉老师，他对孩子到底产生了多大的积极影响，孩子又有多喜欢他。这样做，不仅可以让老师了解自己的教育成果，还可以让老师有成就感和自豪感。其次，家长最不应该做的，就是直接对老师说“老师，我希望你重视我的孩子”。因为每个家长都这样说，老师的压力无形中就增大了，很可能让他感到烦躁。

家长要做师生的润滑剂，而不要做信息的搬运工。不能把老师传递给你的信息不加分析和过滤地传递给孩子，也不能把孩子对老师的态度原封不动地传递给老师。

榜样教育的力量

我的妈妈是一个非常勤劳和爱干净的人，她每天都要做三四次家务，确保家里整洁有序。我从她身上学到了这种习惯，也很注重居室的卫生和整洁。

这就是母亲作为榜样，对我作出的教育。虽然她没有苦口婆心地告诉我应该怎么做，但她的行动，已经潜移默化地影响了我。

榜样教育的四个常见误区

家长是孩子最好的榜样，孩子身上总会有自己家长的影子。可是，很多家长并没意识到自己的一些行为对孩子形成了负面的影响。在榜样教育中，比较常见的误区有以下四个。

误区一：家长自己做不到，却让孩子做到。

例如，家长对孩子说“你快去做作业”或者“你要好好读书，别浪费时间”。自己却在客厅把电视打开，声音放得很大，使孩子无法专心学习。这是家长常有的做法，也是孩子达不到家长要求的根本原因。

要求孩子好好学习，家长也应该有学习习惯。家长以身作则，孩子才更愿意听家长的教导。

误区二：总看到孩子的缺点，却看不到孩子的进步。

例如，有些孩子尽管没有达到父母所期望的水平，但他们已经在一点点进步了。然而，家长看到的总是孩子的缺点和不足，却看不到孩子的进步；频繁否定他们，却从来不肯定孩子。这样的做法，会让孩子的进步没有得到强化，孩子容易灰心，也会让孩子非常沮丧。

因此，家长要主动关注孩子的努力和成长，并及时给予肯定和赞扬，表达对孩子的鼓励和支持，让孩子感受到自己的努力是被认可的。

误区三：有些家长总是活在“比较”当中，被“比较”的焦虑裹挟。

例如，有些家长看到别人家的孩子表现好，会觉得那些孩子比自己的孩子更优秀。这种“比较”的焦虑，让他们无法真正地看到自己孩子的优点，无法欣赏和肯定自己孩子的成就，而是一直在忧虑自己孩子的不足。这样既导致家长对孩子失去信心和耐心，也让孩子非常焦虑，导致亲子关系冲突不断。

家长应该理解，每个孩子都是独特的个体，有着不同的天赋、兴趣和能力。家长应该接受这些差异，并尊重孩子的个体发展。再怎么样，你的孩子也是这个世界独一无二的“限量版”。

误区四：家长觉得自己不能成为孩子的榜样。

例如，有的家长会告诉孩子“不要学你爸爸”或“不要学你妈妈”。

家长也许是觉得自己不够优秀，但在孩子看来，这是家长放弃了自己，自然不会把家长当作榜样。实际上，家长敢于做孩子的榜样，本身就是一种榜样的力量，家长学会承担责任，孩子自然而然就会拥有这种品质。

另外，家长一定要看到自己的优势，才可以激励孩子去模仿和行动。比如，家长可以告诉孩子："即使爸爸没有很多钱，但我一直非常努力。我每天工作 12 小时，这是我的优点。"

榜样教育是一种有益的教育方法，但在实施过程中需要避免上述误区。

每个家长都能做孩子的榜样

这个世界上，没有完美的人。家长并不是完美的榜样，但只要你做到以下三点，你就能成为孩子很好的榜样。

建议一：家长做不到的事，少要求孩子做到。

在孩子的学习模式中，最重要的就是模仿。他们的重要模仿对象通常有三类：父母、老师、同龄人。

父母是孩子的第一任老师，孩子最先模仿的就是父母。所以，最简单的榜样教育，是永远不要要求孩子做父母都做不到的事情。比如，你想让孩子爱上读书，你就要每天或每个星期，读完一本书后跟家人分享，并介绍一些好的书籍。如果父母做到了这一点，就会对孩子产生正面的影响，孩子也会积极去模仿。

建议二：当孩子有进步时，家长应该肯定他所付出的努力。

所谓“有其父必有其子”，可是，有些特别优秀的家长，却很难教出同样优秀的孩子。其中一部分原因在于，家长过于快速地前进，孩子很难跟上他们的步伐。

家长站在了更高的位置，就会有种错觉：孩子仍然停留在原地，或是在不断退步。家长却没有意识到，孩子其实一直在努力地向前跑。家长的这种想法，让孩子备受伤害，以至于失去继续前进的动力。因此，我们应该及时肯定孩子所作出的努力，让孩子有继续努力的力量。

建议三：家长应该比较孩子在过去、现在和未来的进步。

很多家长常用的比较方式是横向比较，就是将 A 和 B 进行比较。比如，有些家长会对孩子说：“为什么你不能像隔壁家的小明一样聪明呢？”这样的比较往往让孩子非常沮丧。

家长当然有权要求孩子努力进步，但是如果要求过分，就有点不合理了。我通常建议家长采用纵向比较法，也就是比较孩子在不同时间段的进步。比如，孩子以前不爱读书，现在每周能读一本书，这已经是很大的进步了。比较孩子在过去、现在和未来的进步，可以让孩子客观地看待自己努力的成果，从而建立自信心，这样的比较方式更加合理和有效。

榜样教育的好处：见效快、影响力大且深远。如果家长做得好，孩子就会受益。但如果你和孩子的关系不够好，那么你的正向影响就会逐渐消失，甚至会产生负向影响。所以，榜样教育要注意亲子关系，如果你们的关系不够好，孩子很可能违背家长的意愿去做事情。

冯老师小课堂

榜样教育无处不在

我认识一个领导，他经常带孩子去他的各种工作场合，让孩子体验职场中的各种关系，提前增长见识。他这样做，与孩子是否热爱这种工作无关，主要是想让孩子在参与的过程中，了解他是如何为人处世的。

他每次带孩子去工作场合后，都会与其分析这些经历，讨论如何为人处世。这种教育方式，能将家长为人处世的细节解读出来，还能加深亲子关系，进而实现榜样教育。

榜样教育是无处不在的。家长在学习、工作和为人处世的态度上，都会对孩子产生影响。这位父亲做得好的地方是，会在孩子参与自己的工作后进行复盘，这会影响孩子做事的态度和习惯。

从某种意义上说，家长多和孩子一起经历，其实就是在给孩子做榜样教育。

总之，你是一个什么样的人，比你教孩子要成为怎样的人更重要。

高质量地陪伴孩子

很多家长都知道，高质量陪伴对孩子的成长至关重要。我认为，所谓高质量陪伴，就是大家在一起的时候都特别开心，体验特别好，而不是学到了多少知识。陪伴的价值，在于体验情感和温暖。

高质量陪伴的两个误区

当然，每个人对高质量陪伴的理解有所不同，我的理解并不代表所有人；对高质量陪伴误区的看法也有所不同，我总结出两个常见的误区。

误区一：只要和孩子待在一起，就是高质量的陪伴。

什么是陪伴？陪伴既要有陪还要有伴，伴就是伙伴。只有陪而没有伴，就称不上陪伴。所以，只是和孩子待在一起，并不是高质量的陪伴。

例如，家长带孩子去游乐场，却让孩子自己去玩，家长只是坐在旁边玩手机。这就是只有陪没有伴，并不是真正的陪伴。

误区二：陪伴孩子，就要教他知识，不然就是浪费时间。

家庭陪伴与老师的教育不同，不需要量化。可是，很多家长只要和孩子在一起，就想让孩子学习。例如，家长和孩子去公园散步时带着课本，边散步边学习课本上的知识。这种形式像是陪伴，但是给孩子的体验并不好。这样的陪伴只有功利的教育，没有流动的情感，几乎没有陪伴的效果。

我为一个高三学生做过咨询，我问她，谁跟她的心理距离更近？她说，妈妈这几年一直在陪读，爸爸常年出差，两个月回一次家，但是她觉得只在空间和时间距离上妈妈更近一些，没有感觉妈妈在心理上跟她更近。对她来说，两个人都无所谓。可见，真正的陪伴，不是时空距离上的功利教育，而是用心交流的情感互动。

高质量陪伴，不仅是陪着孩子，更重要的是与孩子互动，成为他的伙伴，从而让孩子获得愉悦的体验。只要孩子和你在一起很开心，体验特别好，就是高质量的陪伴。只有当这一次陪伴还没结束时，孩子就期待下一次快点到来，才是检验高质量陪伴的有效标准。

不要再用这样的方式陪伴孩子

高质量地陪伴孩子，需要父母花费时间和精力，并尊重孩子的个性和意愿。可是，有些家长并不理解什么是真正的高质量的陪伴，他们的陪伴，主要有以下三种方式。

第一种方式：家长的陪伴都是有条件的。

比如，孩子考了第一名，就带他去迪士尼乐园。类似这样的情况，都属于有条件的陪伴。家长的陪伴应该是无条件的，如果只有在孩子满足某些条件时，家长才愿意陪伴孩子，那陪伴就变成了很沉重的负担，没有实现陪伴的价值。

第二种方式：家长陪伴孩子是在完成一种交易。

比如，家长告诉孩子，只有在周末独自完成整理房间、洗碗、拖地等事情之后，家长才会抽出时间来陪伴他们。这种陪伴就是一种交易。

如果你让陪伴有代价，那么孩子想起你的时候，就总会想起你要他付出的代价，久而久之，孩子不但不会期待你的陪伴，还可能拒绝你的陪伴。

第三种方式：家长说到做不到。

比如，家长答应孩子去接他放学，和他一起散步回家，但因为突然有事（如开会、出差、朋友约会等），无法兑现承诺，孩子就会对家长失望，如果这种事情多次发生，孩子甚至会对家长失去信任。未来，当家长再去承诺陪伴孩子时，孩子就会失去信心。

高质量的陪伴，需要双方建立在彼此信任、相互理解和支持的基础上，家长应该避免轻易作出承诺，但是一旦作出承诺，就要努力兑现承诺。

以上这三种方式，都不利于家长陪伴孩子。家长应该坚持无条件地陪伴孩子，而不是把陪伴当作一种交易。只有不轻易对孩子承诺自己做不到的事，才能真正让孩子感受到家长真诚温暖的爱。

给孩子高质量的陪伴

家长做哪些事情可以促进高质量的陪伴？我总结了以下四点。

第一，高质量的陪伴并不需要很长时间，只要全身心参与即可。

许多家长因忙于工作，觉得自己没有时间陪伴孩子。其实，你只需要每天花 15 分钟，就可以实现高质量的陪伴。例如，睡前给孩子讲个故事、拥抱一下、分享今日所见所感等。重要的是要全身心地参与，不要带着手机，不要哈欠连天，不要一边接电话一边陪孩子。专注的陪伴，可以让孩子感受到你的爱。

第二，陪伴是无私的，不需要回报。

例如，家长不要以带孩子去迪士尼乐园为奖励，要求孩子考第一名；也不要为了让孩子去旅游，而要求孩子先做一个月的家务。

第三，遇到做不到的情况，应该道歉并解释理由，并尽量避免再次发生。

家长如果遇到特殊情况，无法履行承诺时，应该提前跟孩子说明理由，消除负面影响。这样可以保持承诺的可靠性，让孩子继续对家长的陪伴充满信任和期待。例如，家长答应周末带孩子去游乐园，但由于工作的原因，家长无法履行承诺。此时，家长应该承认自己的错误并向孩子道歉，解释无法履行承诺的原因，表达对孩子失望的理解，并向孩子保证，以后努力避免再次发生类似情况，提出弥补方案。这样的沟通，可以帮助孩子理解家长，并感受到家长对他们的关心和尊重。最重要的是，你又做了一次榜样教育。

第四，家长需要与孩子建立一个联结点。

这个联结点可以是爸爸或妈妈专门负责的一件事情，只要它与孩子相关，家长就必须参与其中。例如，爸爸负责孩子的学习辅导，妈妈负责孩子的家长会。这样的分工，可以根据夫妻各自的优势和时间安排来制订，以便更好地满足孩子的需求，并让夫妻之间形成有效的合作关系。总之，高质量地陪伴孩子，就是你要发自内心地想和孩子互动，并真心好奇孩子的想法和感受，想要了解孩子，享受和孩子在一起的时光。否则，如果只是为了完成任务，质量就不会高到哪里去。

冯老师小课堂 高质量的陪伴是情感的交流

高质量的陪伴，是指要与孩子进行情感沟通和交流。它的核心是理解和尊重孩子的情感需求，让孩子感受到被重视和关爱。

曾有一位学生来访，他经历过非常严重的家庭暴力，他的父亲经常对他进行严厉的体罚。这种情况一直持续到高三，导致他出现了严重的考试焦虑和人际社交障碍。在咨询室里，他经常一哭就是一小时，控诉他的父亲。虽然这个父亲经常陪伴孩子，但不是高质量陪伴，而是低质量陪伴。

他们的沟通方式只有一种，就是父亲对他的所有事情都参与决策，包括日常生活、成长、升学等方面。每次开家长会，他父亲都参加，还主持过班会，给班级捐过五万元班费。即使他在寄宿学校，父亲也会每周来看他一次。

你看，时间没少花，结果却不尽如人意。我给你描述一个场景，你就知道问题出在哪里了。

他们坐在一起吃饭时，基本上只有他的父亲在讲话，不断地对他进行说教和指导，并强迫他点头表示同意。这种陪伴，时间虽然多，却让孩子感到窒息和厌烦，他甚至希望父亲不要再管他了。比如，父亲总是关注孩子花了多少钱、考了多少分，至于钱花在哪里了，孩子付出了多少努力，他一概不谈。

我给这位父亲和孩子分别做了几次心理咨询，尝试解决这个问题。我们三个人在一起聊天，这个过程中，我始终以感受和情感为主题，他的父亲却总是逃避深入探讨，特别是聊到感情层面时，他总是“往后退”。他父亲不愿意聊感情，可能是因为害怕流露出自己的情感后，就会暴露自己脆弱的一面。

儿子离开后，我与他父亲交流了两次，主要探讨他内心的感受和情感。我指出他们的对话体系中缺乏情感和情绪的词汇。我问他父亲，在什么情况下会用到难受、伤心、担心等词汇，他回答不出来，这说明他很少表达自己的情绪。我继续问他，如果有一天他需要用到这些词汇，最有可能用在谁身上。他说可能是儿子，因为他对儿子寄予厚望。

我给了他一张纸，让他写下所有与情感和情绪有关的词汇，并用这些词汇表达自己对孩子相关事情的情感和情绪。这位父亲在尝试后，慢慢开始让自己习惯表达情绪和情感了。

为了改善关系，我让他们进行角色扮演。在这个过程中，他父亲哭了一次，也正是父亲的眼泪，让他们的关系开始有了温度。

这个故事告诉我们，高质量的陪伴应该是以情感和感受为基础的。

做顾问型父母，养自主型孩子

这个世界上，只有一种爱是为了分离而存在的，那就是父母之爱，其他的爱，都是为了相聚。父母教养孩子的终极目标，是有一天能够成功地与孩子分离并完成教育的职责，而不是让孩子永远离不开自己。

做孩子的支持者和导师

在家庭教育中，顾问型父母只提供建议和选项，却不会替代孩子做决策。他们不会强迫孩子做事情，而是通过引导和建议来帮助孩子做决定。

父母的作用是为孩子提供智慧，而最终决策权在孩子手上。对孩子来说，就是听取多数人的建议，参考少数人的意见，最后由自己作出决定。

想成为顾问型父母，就要践行简单沟通的原则。

做顾问型父母的八个方法

想要成为顾问型父母，就要注重倾听孩子的想法和意见，尊重他们的选择和决定。具体来说，做顾问型父母有以下八个方法。

第一，家长和孩子要有边界。

在孩子成长的过程中，父母需要设立一些边界，以培养他们的独立性。具体做法是，让孩子为自己的决定承担责任。举个例子，孩子要学习乐器，这是孩子的需求和兴趣爱好。父母应该提供必要的支持和帮助，父母的责任是给孩子购买乐器、找老师。剩下的，就是孩子要坚持练习，保证上课效果。父母和孩子对自己边界内的事情负责，这就是有边界。

第二，家长的反应可预期。

可预期，是指孩子可以预测家长在某些情况下的反应。当孩子知道家长的原则和底线时，就不会做那些违反原则的事情。一旦孩子触碰了底线，家长就会采取相应的措施。具体而言，又可以分为两种情况：第一种情况，孩子一旦撒谎，家长会严厉批评孩子并坚持让他为此承担责任。这是孩子违反原则可以预料到的结果。第二种情况，孩子拼命地努力，即使结果不如预期，父母也会认可他的努力。孩子能预测到父母的行为和最后的结果，就会很有安全感。

第三，开家庭会议。

家庭会议，可以帮助家庭成员更好地沟通和决策。例如，每一个月或两个月，召开一次家庭会议，讨论家庭事务。下一周举行什么亲子活动？下个月去哪里旅游？大家可以畅所欲言，通过会议增进彼此的感情，这也是孩子进入成人世界、学习成人世界规则的有效练习。

第四，父母要会聊天。

父母和孩子的聊天方式，包括接受性听和描述性说。接受性听，意味着倾听孩子的情绪，满足他们的需求和诉求；描述性说，则是说出你的需求和方案，最后你们围绕需求讨论方案。

第五，高质量地陪伴孩子。

高质量的陪伴，最好每天都有和孩子单独相处的时间，并在这段时间里共同做一些大家都感兴趣的事情，如亲子阅读、睡前故事、散步等。

第六，决策机制是民主的。

民主制的沟通方式是尊重孩子的意愿和权利，家长应按照民主的方式与孩子协商，有些家长甚至会让孩子参与家庭的所有决策。例如，他们会让孩子一起讨论是否购买房子，并听取孩子的意见。这种方法可以让家庭成员之间的关系更加和谐，能让孩子感受到被尊重和被重视。

第七，要培养孩子的批判性思维。

别人说的不一定是对的，别人对你的评价也不一定是正确的。孩子需要审慎地对待别人的评价，只将其作为参考。例如，一个家庭正在讨论环境保护的问题，父母首先引导孩子提出问题。他们问孩子："为什么环境保护很重要，人们应该如何保护环境？"孩子可能提到一些观点，如减少废物、节约能源等。接着，父母可以挑战孩子的观点，问孩子："为什么人们会对环境保护不重视，有哪些因素会影响环境保护的实施？"父母可以用这种方式鼓励孩子思考各种可能的原因，如经济利益、人们的行为习惯等。

第八，培养孩子解决问题的能力。

积极心理学认为，当人们从积极的角度看待事物时，看到的是方案，而不是问题。只要积极地去面对和处理问题，就会发现任何问题都有解决方案。

顾问型父母，既能够帮助孩子形成独立自主的性格，又能够保持家庭关系的融洽。在我们身边，一定有一些顾问型父母，他们在教育孩子方面做得比较出色。他们会倾听孩子的意见，尊重孩子的选择，帮助孩子发现自己的优点和潜力，鼓励孩子尝试新事物，让孩子在学习和生活中感受快乐。

冯老师小课堂 给孩子树立一个好榜样

孩子会模仿他人。作为孩子的第一个模仿对象，我的行为对孩子的成长有深远的影响。尤其对于女孩来说，父亲在她的成长过程中，扮演着非常重要的角色。作为顾问型父亲，我会给孩子树立一个好榜样。当然，这个榜样并不一定是完美的，孩子也可以批判性地看待我的行为。

顾问型父母的行为是有边界和可预期的，他们是基于一定的原则和框架来教育孩子的。我现在做人做事的原则，就是在一个框架内，不会超出自己的能力范畴。当然，我也不会要求孩子做我自己做不到的事情。

我女儿的成绩不是班上最优秀的，有时候甚至会得到中等或中等偏下的成绩。我不会因为这个成绩而感到焦虑，也不会把自己的焦虑传递给她。我告诉女儿，学习是她自己的事情，我不会要求她拿高分。如果她能接受自己的成绩在中等或中等偏下，那么我也能接受。老师对她的态度，可能和对好学生的态度有所不同，如果她能接受这种不同，那么我也觉得没问题。

我唯一不能接受的，是她不努力。我每天工作到几点、读什么书、学什么课程、写什么文章、备什么课，以及出差的频率，她都知道，她能看到我在工作中有多努力。我希望她能明白，无论成绩好坏，人生都需要努力。

如果她已经很努力了，但成绩依然不好，我会问她一些问题。比如："你希望我做些什么来帮助你提高成绩？""你希望老师对你的态度发生什么样的改变？""如果有一天，老师真的改变了对你的态度，你认为是因为你做了什么？"我会通过提问，引导孩子思考。

顾问型父母基本都有一个共同点，那就是启发孩子思考，然后让他们自己去解决问题、承担责任。父母给孩子提供帮助，是为了让孩子活得更好。实际上，父母能给予孩子的最大帮助，就是让孩子有自己解决问题的能力。这是顾问型父母的终极目标。

沟通本质上是为关系服务的，教育学就是关系学。为了让家庭教育有作用，家长就要经营好亲子关系，沟通的时候要知道如何肯定孩子的价值，实现教育的作用。这就取决于你沟通时候的角度。

第三章

这样让亲子关系更融洽

应该怎样激励、表扬和批评孩子

一些所谓的专家认为，家长不经意的一句话会祸害孩子的一生，我认为这是不全面的。

必须承认的是，家长对孩子性格、品格和人格的攻击性评价或者贴标签行为，确实会引起孩子当下不好的体验。例如，你是个没有毅力的孩子、你的性格不利于交朋友、你是一个内向的孩子，等等。如果亲子关系比较好，偶尔的攻击和刺激性语言并不会给孩子留下什么伤痕。

但是，当攻击和刺激性语言频繁地、长期地出现在亲子对话中时，就可能会被孩子听进心里，进而内化成自己性格、品格和人格的一部分。最后，可能即使父母不再攻击孩子了，他们也会自我攻击。这就产生了所谓的创伤，有可能真的会祸害孩子一生。

因此，对评价孩子性格、品格和人格的话，特别是气话，不能经常甚至长期对孩子讲。讲多了，可能你自己信了，孩子也当真了。

激励孩子，不用单一行为定义他

有些敏感的孩子，确实会因为一句贬低性的评价，就认为自己很笨，甚至觉得自己什么都做不好。对于这样的孩子，家长该如何对其进行沟通和激励呢？

我和任何一位来访者、学生或家长沟通的时候，都会先让他们写出自己（孩子）的十个优点。通常他们列出的不止十个。通过这些证据，他们自己（孩子）就可以看到自身的长处，由此受到激励。

而且，很多时候，只要表达的侧重点变一变，孩子也会感受到激励。比如，一个孩子，如果因为做错了数学题而觉得自己笨，我会这样对他说："你觉得不笨的时候是什么表现？既然你觉得有笨的时候，也有聪明的时候，那你为什么只用笨来定义自己，而不是聪明呢？"

很多父母会犯的错误，就是喜欢把某个行为等同于整个人。但事实上，一个人可以产生无数个行为。只用某一个行为来定义一个人，这是片面的，是不合理的。而且我们通常会本能地选取那些消极和负面的行为来定义一个人，这就更加失之偏颇了。

试想，你做错了一件事，难道就永远是一个做错事的人吗？你在某个问题上表现得不够聪明，难道你就永远是一个笨蛋吗？显然不是。身为家长，你需要把定义一个行为与定义一个人分开来看。

任何情况下，都应该表扬孩子

每个孩子都有自己的特质，家长可以把它们当作切入点去表扬孩子。而且，我认为，在任何情况下，家长都应该表扬孩子，只是表扬的方式要得当。

根据经验，我总结了三种表扬方式。

第一种方式：任何时候，都应该注重后天行为上的付出，而不是孩子先天的优势。

例如，“你真棒”“你很可爱”“你长得很漂亮”这类表扬就过于笼统，更强调结果，或者强调孩子先天的优势，而不是针对孩子努力的行为和过程，这类表扬对孩子的激励效果有限。

“我看到你把作业重写了三遍，终于获得了‘A+’的成绩，你真是个对自己要求很高的孩子。”这就是强调孩子后天的努力和付出。这种表扬才能够强化孩子对自身努力的认同，从而愿意更加努力付出。这种激励才有价值。

第二种方式：夸孩子时，尽量避免使用永久性的语言。

永久性的语言就是贴标签。比如，家长不能说“你是个数学天才，将来一定会成为数学家”，而要说“你在数学上取得了很大进步，你真的很棒”。

强调当前的努力而不是永久的标签，这样的赞美更加积极、灵活，既可以表达家长对孩子的欣赏和肯定，也不会给孩子带来过多的压力。

第三种方式：在具体事件中，表扬的是过程，而不是结果。

比如，在一场活动中，孩子的表现很优异，家长可以说：“宝贝，我觉得你今天跳舞时，表情很可爱，动作很优美。”哪怕本次表演有意外，或者结果不好，也不影响你客观地表扬孩子的优点。

凡事都有两面性，夸奖孩子的最大副作用，是会让孩子变得过分依赖夸奖，并成为孩子获取自我价值感的唯一来源。一旦夸奖消失了，孩子的自信也会随之减少。当孩子在某个方面没有取得好成绩时，他可能会觉得自己的价值受到了质疑，于是就会越来越害怕接受稍有挑战的事情。

批评一件事，而不是一个人

很多时候，家长都喜欢给小孩贴负面标签，如“你不聪明”“你很坏”“你很捣蛋”“你不让人省心”……这些本质上都是对孩子这个人的批评。家长当然可以批评孩子，但是要注意自己的方式。

第一，把人和问题分开。

孩子出错时，许多家长喜欢批评孩子这个人，而非评价做事过程中产生的问题。比如，孩子没有按时完成作业。家长不能说：“你就是一个懒惰的人，从来不按时完成作业，你的学习态度真差！”而要说：“这次作业没有按时完成，是什么原因造成的呢？”

家长要将批评的焦点放在孩子的具体行为或行动上，而不是将其与个人特质联系起来，这就是把人和问题分开。这种评价方式，孩子就知道问题是问题、人是人，家长就可以联合孩子一起打败问题，而不是联合问题打败孩子。比如，作业没有按时完成，家长和孩子一起想办法去克服这个问题，这就是联合孩子打败问题。

第二，避免使用刻薄的语言和攻击性的批评。

家长的表达方式，很容易受原生家庭父母的影响。父母批评我们的方式，会影响我们，本能地用在自己对孩子的教育上。比如，家长和孩子一起逛商场，孩子想买一双新球鞋，家长不同意，就在公开场合训斥他，孩子觉得自己的颜面受到挑战，就可能反抗。

正确的批评方式应该是回家之后，跟孩子进行一次私密的谈话，并解释你拒绝买鞋子的缘由，让他感受到你的尊重，他才会更容易接受你的想法。

家长需要记住，问题出现的时候，并不是批评孩子的最佳时机。否则，这就像当孩子溺水时，你却在岸上指责他当初为什么不好好学习游泳一样。只有当孩子情绪平静的时候，与孩子进行私下谈话，才是教育孩子并解决问题的正确时机和做法。

第三，先讲感情，再讲事情。

有时候，家长喜欢劈头盖脸地给孩子一通批评，不给孩子任何解释的机会，这会让孩子觉得莫名其妙。如果家长换种方式，先讲感受，再讲事情，孩子可能会更容易接受一些。

比如，我是这样对孩子表达感受的："爸爸还需要 15 分钟就能把这篇稿子写完。我现在很着急，如果受到打扰就会很容易烦躁。所以，等我写完之后，咱们再解决你的问题，好吗？你想想，在你写作业或准备考试的时候，如果我打扰你，你是不是也会很烦？”

家长从表达自己的感受和需求入手，并为孩子设想一个他能想象到的情形，往往能让孩子更加理解家长、配合家长。

第四，避免愤怒地对待孩子。

有时候，家长会情绪失控，导致批评或愤怒地对待孩子。这种方式对孩子的伤害较大。

例如，当孩子的房间没有收拾好时，家长就可以给孩子看一张照片，让他看看以前和现在房间样子的对比，问他喜欢哪个样子，让孩子自己思考。然后告诉孩子，我们也希望房间保持干净整洁，这样大家都会感到舒适。

这样做可以让孩子以积极的方式去改正。重要的是，家长要关注自己的情绪，遇到问题或者情绪“上头”的时候，不是解决问题和与孩子沟通的最好时机。

其实，表扬和批评都可以让孩子进步。我们之所以选择批评，是因为它能发泄我们自己的情绪。所以，当我们能用表扬来解决问题的时候，尽量不要使用批评，尽管这对我们自己的情绪管理能力有较高的要求。

冯老师小课堂 不要攻击孩子的性格、品格和人格

对家长来说，即便必须批评孩子，也一定要把重点放在他的行为上，而不是攻击他的性格、品格和人格。比如，家长要批评孩子的学习成绩不好，那就只讲这件事情，而不要过度评价他的个人素质。

有一次，我爱人批评孩子说："你从来就没把学习当回事，如果一直这样下去，你会变成一个没用的人；你的专注力很差，无法静下心来学习；你以后连个中学都考不上，这一辈子就废了。"

我平时几乎不和爱人有冲突，但当我听到这些话时，我觉得非常欠妥，当场就介入纠正了这个事情。因为这种针对性格、品格和人格的评价会让孩子感到自卑和受伤。

通常来说，孩子的性格、品格和人格是相对稳定的，但行为是动态的，是随时可能改变的。所以，用一次偶然的行为来定义一个恒定的特质是草率的。

对事不对人，是我始终坚持的一个原则。家长与其批评孩子，不如和他们一起寻找解决问题的方法。

总之，家长要联合孩子打败问题，而不是联合问题打败孩子。

孩子变得过分物质，怎么办

中国已经进入小康社会，有些家长手里有了钱，就给孩子很多零花钱，这其实是不明智的。零花钱应该按月或者按周，以固定的数额给孩子，孩子可以自由支配。压岁钱也是一样的，应该让孩子自己管理。

有时候，青春期的孩子会提出一些过分的物质要求，到底是应该满足还是拒绝呢？我的观点是，应该交由孩子自己来决定。

孩子管钱的三个原则

让孩子管理自己的钱，既能增强他们的责任感，也能让他们对财富有基本的认知。如果孩子能把自己的钱管理好，他们能够体验到管理的成就感；如果管理得不好，把钱花光了，他们也能体会一下管理不善的后果。

在这个过程中，家长只需要发挥引导作用，遵循以下三个原则，慢慢教会孩子管钱。

第一，将压岁钱视为孩子的个人资产，交给他自己管理。

假设你的孩子得到一笔压岁钱，你应该告诉他，这笔钱是他的，他可以自由支配。你可以给孩子提出建议，告诉他如果能将钱存进银行，并且把每笔消费都记录下来，这样就能知道自己的钱都花到哪里去了。

家长只需要给孩子建议就好，属于他的钱，如何支配是他的权利。关于钱的管理，我建议要让孩子在体验中总结经验。

第二，让孩子对自己的财产和消费负责。

假如孩子看上一双限量版篮球鞋，售价 5900 元，你应该告诉他，你的存折里只有 5000 元，还差 900 元，你买不起。如果他还是很想买，你可以让他选择向你贷款，同时告诉他，如果买了这双鞋，就不能再有其他消费，因为你没有钱了。

最终要不要买，决定权还是在孩子手中。无论他选择买还是不买，或者选择其他消费，孩子都要承担相应的责任。

第三，孩子过分追求物质，家长要思考他的真正诉求是什么。

有时候，孩子追求物质的背后，是为了获得一种肯定。比如，孩子想买限量版篮球鞋，是因为他的朋友已经买了，买鞋是进入朋友圈子的社交资本。

如果孩子的目的只是如此，家长就要引导孩子，除了鞋，孩子能追求的东西还有很多，如成绩、排名、技能等，除了鞋，也可以让他从这些方面获得肯定。

家长把现实情况告诉孩子，并为孩子分析做这个选择的原因和后果，然后让孩子自己作出选择，并承担后果。这时候，孩子就会根据父母的分析，思考哪种选择是自己能承担的，就会作出更加理性的选择。如果孩子最终还是一定要鞋子，使用第二种方法，让他在自己的资源范围内为自己的选择负责就行。

引导孩子少些攀比心

看到同学拥有某些东西时，孩子往往容易产生攀比心理，想要得到相同的物品或享受相同的待遇。如果孩子提出相关要求，家长可以先问问他，是否真的需要它，有没有足够的钱去购买它。这样可以帮助孩子理性思考，更好地管理自己的欲望。

当然，孩子有时候会坚持自己的想法，甚至跟家长谈判。如果孩子能够成功地说服家长，说明他已经具备了一定的谈判能力，这也是一种有效的教育。

家长想要引导孩子减少攀比心理，我总结了以下三个方法。

第一，家长可以引导孩子将单一的物质追求扩展到更广泛的领域。

孩子有攀比心，是一种正常现象。而且，攀比心也不全是坏处，用得好，对孩子会有激励作用。比如，引导孩子把攀比心从物质追求扩展到成绩、画画、弹琴等方面，从和别人的横向比较，转变为和自己的纵向比较。

最重要的是，家长不要引导或者强化这种物质比较。这就要求家长自身不要把比较的思想经常带到家里，做好自己的比较心理管理。

第二，划定消费边界，给孩子树立正确的价值观。

有的家长，在引导孩子这件事上，常常陷入矛盾。他们不想让孩子有过重的攀比心，却又对孩子花钱不予节制。当孩子有 5000 元可支配资金时，家长就要确保孩子知道自己不能超出这个范围。如果没有边界，孩子会以为，家长的钱就是自己的钱，自己想花多少花多少，这样他们的攀比心自然会越来越强。

另外，父母的价值观传递也非常重要。比如，父母花 200 万元买了一辆车，并在各种场合炫耀，却告诉孩子不要攀比或者不追求物质，孩子怎么可能做得到呢？

家长要做的，应该是让孩子知道，哪些钱是自己的，哪些钱是父母的。如果孩子想要获得更多钱，那就自己锻炼能力去挣，否则，在此之前，孩子必须在自己的支付能力范围内消费，并对自己的消费行为负责。

第三，家长不应该有条件地承诺给孩子奖励。

很多家长，会把孩子读书的成就和快乐变成有条件的承诺，这种问题在家庭教育中很普遍。比如，孩子考进前十名，家长就奖励一台电脑。

这样的话，如果孩子在下一次考进前五名，是不是应该得到一台更贵的电脑？孩子如果考到第一名，又该得到什么样的奖励呢？久而久之，物质层面的攀比就会占据孩子的心智。更严重的后果是，孩子学习的快乐，开始变成有条件的快乐，内驱力变成了外驱力。这样的话，孩子的学习只会越来越被动。很多厌学的孩子，就是因为最后连外驱力都没有了。

因此，这种方式只能偶尔用，绝不能经常用。即便家长一定要奖励孩子，最好是事后惊喜，而不是事先约定。要解释清楚，这只是一次性的奖励。要让孩子知道，父母给予奖励，是为了让他眼下更快乐，这不是学习好的条件。

总之，攀比心是人性的本能，引导得好就是激励，引导得不好就是刺激。

冯老师小课堂

让孩子提前体验挣钱的艰辛

孩子过分追求物质的负向问题，其实可以转化为如何追求能力提升的正向问题。例如，父母可以将一些财产交给他们自己管理，让他们产生责任感和成就感，同时培养其理财能力。

这其中，让孩子提前体验挣钱的艰辛是非常重要的。比如，你可以先给孩子 500 元，让他感受到花钱的轻松与愉悦。然后，你再让他挣回这 500 元，不论是洗盘子、扫地，还是写文章，总之要让他亲身体验挣钱的艰辛。

如果没有经历挣钱的艰难，孩子就无法真正理解珍惜和节约的意义。意识到挣钱真的很不容易之后，孩子自然就会明白花钱要谨慎。

如今，很多家长和孩子都非常重视暑假实践活动，孩子们可以从中积累挣钱的经验。比如，很多学校有校园义卖。孩子们可以自己动手制作一些手工艺品，然后拿到校园跳蚤市场上义卖。这也是一种锻炼。

我的孩子就经常参加这种活动，每次义卖，至少能赚到几块钱。有一次，她卖掉了一些自己用不上的文具，又用赚来的钱买了其他孩子制作的手工艺品，最后净赚 25 元。

再如，在寒暑假期间，很多孩子会选择打工来丰富自己的经验。在麦当劳打工，通常是按小时计算工资；在中餐馆打工，则是按月拿工资。不同的计酬方式，会让孩子对报酬有更深刻的理解。

孩子不愿跟家长沟通，怎么办

孩子不愿沟通的三个原因

有的孩子不愿与家长交流，这让家长深感困扰。孩子不愿跟家长沟通，其原因是多种多样的。我总结了三种最为主要的原因。

第一种原因，孩子能够精准预判家长对他们事情的反应。

如果孩子对家长每次沟通都有精准的预判，而这种预判的反应又不是孩子所期待的，那孩子就不愿意跟家长沟通。比如，每天回到家，家长问孩子的第一句话，永远是“今天的作业写完了吗？”。如果长期缺乏新鲜感，孩子就会越来越不愿意跟家长交流。

这种情况很常见，很多家长却没有意识到。家长不妨试试每天和孩子讨论不同的话题，尤其是他们感兴趣的话题，肯定孩子的表现。这样的话，孩子也会越来越喜欢和家长沟通。

第二种原因，家长没有聊天的基本技术。

不打断、不评价、不指导是聊天的基本技术，与青春期孩子聊天更加需要这样的技术。

有这样一种情形，当孩子遇到事情和家长倾诉时，孩子话还没有说完，就被家长纠正了行为和批评了价值观。原本孩子和家长沟通是想获得家长的理解和支持，至少是期待家长会共情，结果每次换来的都是批评和指导。试问，你愿意跟一个总是批评和指导自己怎么做人做事的人分享自己的心事吗？

第三种原因，家长通常只关心自己的需求，而不重视孩子的需求。

很多家长，以自己偏爱的方式关注孩子，对孩子的变化却知之甚少，这可能就是沟通产生障碍的原因。比如，孩子明明喜欢画画，家长却不支持，还总是要跟孩子谈他不感兴趣的体育、科技，认为这样的主题才能带给孩子未来。关注话题的不一致使沟通的门槛变高，这也常常导致沟通不畅。

与孩子沟通时，如果家长常常将自己的想法强加给孩子而不在意孩子需要什么，这样的沟通大多是单向的。孩子感觉说多少都没用，倒不如关闭心门，不再与家长沟通。

家长与孩子沟通时，要重视和尊重孩子的感受、想法、个性和需要，要尝试建立一个开放、安全和支持性的环境，让他们能感受到被爱和被理解，从而建立起稳定和良好的关系，这样才能开启沟通之门。

四个方法，改善不良的沟通

家长和孩子没有建立良好的关系，沟通和交流必然会出现问题。作为家长，应该对此有充分的认知和判断。不过，即便和孩子的沟通出现问题，家长也不必过分担忧，通过某些方法，是可以改善的。

具体而言，家长应该做到以下四点。

第一，打破孩子的预判。

被孩子预判到的结果，之前已经提过。为了避免这种结果，当孩子遇到问题时，家长可以改变以往的沟通方式。比如，家长改变对话内容或者对话方式，就可以打破孩子的预判，也可以让孩子更加关注你说的话。具体而言，如果家长之前很少与孩子有肢体接触，那么家长可以试着拍拍他的脑袋、抚摸他的肩膀，这样罕见的亲密举动即可破除他的预判。

有家长问，如果孩子在学校闹事，该怎么和孩子沟通，才能打破他的预判？我会问家长，如果明天早上一睁开眼，孩子变得非常乖巧，不再捣乱，你会怎么对待他？你会对他说什么？

你想要孩子成为什么样的人，你就用对待这样的人的方式去对待他，他就可能发生改变。这就是心理学上的“窈窕淑女效应”。

第二，和孩子聊他们感兴趣，而不是你感兴趣的话题。

如果家长一直跟孩子谈论自己感兴趣的话题，孩子可能会感到不耐烦或者无法进入话题。想改变这种状况，家长可以引导孩子谈论他们的兴趣和想法。

例如，家长可以问问孩子，今天发生了哪些有趣的事情？今天最大的收获是什么？好朋友有什么新动向？谈论这样的话题，孩子可以表达自己的想法，而不是被迫听家长说。如果孩子对这个话题不感兴趣，可以再换个话题，让他们感觉到，家长在认真关注他们。

把沟通的主动权交给孩子，他们会更愿意和家长进行交流。

第三，进入孩子的世界，与他们建立更好的联系。

孩子的世界与家长的世界是截然不同的。家长需要了解孩子的兴趣爱好，了解他们最亲密的朋友和同学的家长，以便更好地融入他们的世界。比如，家长可以参加孩子的生日聚会、学校演出和其他活动。

这样，家长才能更好地了解孩子的生活和状态，才真正有话题跟他们聊。

第四，与孩子发生冲突时，一定要“按下暂停键”。

与孩子发生冲突时，很多家长喜欢和孩子黏在一起，就像被绳索捆绑住一样。当孩子离开时，家长仍想和他们把道理讲透。这不是在解决问题，这是家长在发泄情绪。

正确的做法应该是，在双方发生冲突之后，停留一会儿，让情绪平静片刻，再做交流。或者家长可以转身走出房间，到小区里转一圈。这种方式可以很快缓解情绪，改变话语体系。这个方法被心理学家称为“按下暂停键”。

总而言之，只有不带预设地、充满好奇地把孩子作为沟通的主角，才能让孩子有沟通的想法。

冯老师小课堂　把“你句型”变成“我句型”

我曾花了很长时间来研究语言交流的问题，通过给几百名学生提供咨询并反复听取录音，我总结出了不同话语体系的差异。

首先，在和孩子交流时，家长需要把“你句型”变成“我句型”。

所谓“你句型”，就是以“你怎么样……”开头的句子；而“我句型”则是以“我怎么样……”开头的句子。

用“你句型”，比如，“你怎么不接我电话？”或者“你为什么不理我？”“你对我的态度为什么如此冷漠？”等，这种句型表达出来的情绪和内容，往往带有指责和抱怨的意味，让孩子感到刺耳和不舒服。

如果家长使用“我句型”，比如，“我很担心你，因为你在外面没有接听我的电话”或者“我感到自己有点被忽视了，不知道是不是我做错了什么，希望我们可以坐下来好好聊聊”等，表达同样的意思，会让孩子觉得更加温和、亲切。

这就是话语体系的差异所带来的不同沟通效果。使用“我句型”，可以让家长更好地表达自己的情感、理解孩子的情感。

有一位老板向我咨询，他上大学的女儿经常发脾气，有时甚至失控到歇斯底里，例如，一家人自驾游玩，如果发生争吵，他女儿就会直接跳车，父亲对此束手无策，不知道应该怎样跟女儿交流。

听完他的描述，我建议他在与女儿交流时，不要使用“你为什么这样”之类的语言。例如，不要问“为什么回避社会，不愿意参加工作？”“你为什么不愿承担责任，是否故意与我们对着干？”。

父亲应该改变自己的措辞，表达出他对女儿的关心和尊重。他可以这样表达：“我能感觉到，你就像大学刚毕业时的我一样，对进入社会还有些困惑。我很想帮助你，如果有需要，请告诉我。我很担心你将来会与社会脱节，我这种担心对不对呢？”

前后两种表达方式，意思是相同的。但是家长的措辞和表达方式，会影响孩子的态度和反应。使用“你句型”，是带有攻击性的，可能引起孩子的反感和逃避；而使用“我句型”，就带有尊重和关心的感觉，则可能引导孩子反思。

之前，我也犯过表达方式不当的错，但是在我逐渐改变了自己的语言系统后，我发现良性沟通的正向循环就被打开了。

如何与住校的孩子沟通

随着生活水平的提高，国际学校之类的寄宿学校，已经成为越来越多家长青睐的选择。特别是家境富裕的孩子，很多都在寄宿学校里学习和生活。

这些住校的孩子，家长无法天天陪伴在他们身边，自然就少了很多沟通的机会。对于家长和孩子来说，寻找到低频但高效的沟通方式，是亟须解决的问题。

孩子住校，有效沟通很重要

住校的孩子，如果与家长沟通受阻，很容易陷入焦虑情绪中，家长需要想一些具体的办法来应对。

第一，沟通渠道多一点，让孩子随时可以求助。

现在，大部分初中学校、高中学校会禁止学生带手机，这意味着学生只有晚上下课后，才能用固定电话给家人打电话。这会带来一个问题：如果孩子某个时刻情绪很不好，或者突然想不开，又无法及时打电话向父母求助，那么他们就容易做出一些过激的行为。

所以，我认为学校有必要在特殊时间和遇到事情时，让老师允许孩子在上课期间给家长打电话。如果孩子在课堂上遇到问题，他可以请求老师，允许他使用手机与家长通话。

当然，这需要家长提前跟孩子的各科任课老师以及与孩子亲密度高的一些老师沟通，先获得老师的允许。

第二，让孩子有说话的机会，等孩子说完再反馈。

很多时候，家长对孩子的了解主要来自老师的反馈评价。如果家长仅通过老师单方面反馈的情况，只凭老师只言片语的评价就去批评孩子，会很容易导致误解，产生严重的沟通冲突。同样地，家长和孩子谈论老师时，也不要透露老师对孩子的具体评价。

家长要站在孩子的角度上看待问题，而不是只站在老师的角度上。对于孩子来说，如果家长一味强调老师说的话，容易导致师生关系冲突，也会导致孩子对家长的不信任，甚至造成二次创伤。

具体的做法是，当谈到一件事情时，家长在给出反馈和评价之前，先让孩子有机会自己说说情况，谈谈自己的想法，然后你再通过询问，引导孩子回到正确和理性的价值观上来。

第三，要清晰地区分问题，而不是简单指责。

例如，孩子数学考试没及格，这是一个具体的问题，需要家长和孩子共同面对，一起思考能做哪些事情来解决它。可是，很多家长会直接指责孩子“你为什么总是考不好？”“为什么全班只有你一个人没及格？”等，这样的指责只会让孩子感到沮丧和无助，他们根本没有心思去找解决办法。

这种做法是家长联合问题打败孩子。我前面说过，正确的做法是家长要联合孩子打败问题。

我建议家长，每个周末都去看看住校的孩子，实在没时间，也要两周去一次，让孩子感受到你的关注和爱。而且家长要跟各科老师保持沟通，以便及时获取孩子的信息，了解孩子的状态。遇到问题，要和孩子一起面对，让孩子感觉到你的支持和关爱。

纾解孩子的情绪，方式方法不可忽视

住校的孩子心理状态各有不同。家长要做的，是给孩子足够的安全感和爱，让他们知道，家长虽然不在身边，但依然是他们最坚实的依靠。

孩子出现情绪问题时，如果愿意给家长打电话沟通，就说明亲子关系还不错，他们信任家长，并希望从家长那里得到帮助。

这时，你要知道如何接住孩子的情绪，真正成为他的后盾。

第一，不要作出评价、打断或盲目给出建议。

当孩子讲述他的情绪时，家长一定要保持冷静，认真听取他的意见和想法，做到不评价、不打断或不指导。这样才能让孩子有机会充分地宣泄出情绪，从而缓解情绪。

比如，孩子提到了人际关系的话题，家长就给孩子提建议“你要多交几个朋友”“你跟某某交朋友，应该这样做”……家长根本不知道孩子提到的人是谁，也不知道孩子与他的关系如何，就自以为是地给孩子提建议，可能导致孩子又要花时间为家长补充很多额外的信息来解释，这过程中又可能增加误解。所以，家长盲目地给孩子提建议很可能适得其反。

要知道，孩子其实比家长更清楚如何解决问题，他只是不愿意或暂时不想去做。

当孩子把他的解决方案告诉家长，并想听听家长的意见时，我们可以这样说：“爸爸妈妈会支持你做的任何决定，大胆去做就好了。如果在这个过程中受到伤害，记得跟爸爸妈妈讲，让我们分担你的痛苦。如果电话里讲不清楚，下个星期我们去看你的时候，咱们好好聊一聊。”这样跟孩子说，就已经达到沟通要实现的目标了。

第二，通过反馈和确认，让孩子知道你听懂了他的话。

孩子产生情绪，一定有其原因，他自己也许不知道或者表达不清，这时家长在沟通中要反复确认，慢慢厘清线索，确认问题。比如，家长可以这样说：“孩子，我很理解你。我明白你的感受，你跟别人相处得不好，觉得受到了排挤，找不到自己的位置，心里很难受，但是你又很想获得大家的认可。我说得对吗？”

家长可以把这些话重复讲给孩子听，让他确认是否正确。这是智慧父母的对话体系，能这样沟通的父母，已经向顾问型父母的方向发展了。

总而言之，家长想要与住校的孩子保持顺畅的沟通，只需要简单地做到不评价、不打断或不指导。这样，孩子的情绪就会得到缓解。

三个方法，让孩子不再沉默寡言

孩子住校后变得沉默寡言，其实是一个很重要的信号——孩子可能遇到了巨大的危机。比如，孩子受到排挤、跟老师发生冲突等。如果家长没有注意到这个信号，就会错过最佳的沟通时机。那么，孩子沉默寡言，家长应该怎么办呢？我总结了三个方法。

第一个方法：多听孩子倾诉，了解他的内心世界。

如果孩子住宿以后突然变得沉默寡言了，家长首先要做的事情，就是每周多去看他几次，并陪他聊聊天。多听听孩子说什么，这样才有机会弄清楚到底发生了什么。

一旦发现孩子遭遇的问题很严重，家长就需要考虑陪读或将孩子接回家。给孩子换个环境，至少给孩子腾出缓冲的空间和时间，这是家长对孩子最好的支持。

第二个方法：寄宿之前，先做探索。

不是所有孩子都能够很快适应寄宿。一个有效的做法是在孩子住校之前，多做一些准备功课。比如，先让孩子尝试体验两周或一个月的住校生活，如果发现实在不适应，就考虑将孩子接回来，而不是在一开始就告诉孩子接下来三年都必须住校。不要让孩子觉得自己像被关进了没有铁窗的牢笼。

给孩子一些松弛感，让他知道有其他选择，可能更有利于他适应寄宿生活。

第三个方法：让孩子对沟通有掌控感。

对于寄宿的孩子，家长需要努力做到的一点是，不要成为最后一个知道消息的人。

如何做到这一点？家长要确保孩子知道如何联系身边的人，也要让身边的人知道他们随时可以联系到孩子，包括老师和其他家长。如果孩子有困难却找不到任何人帮忙，他们不仅会感到孤独和无助，也会增加发生意外的风险。

冯老师小课堂

初中生不适合住校

初中阶段的孩子还比较脆弱，并不太适合离开家庭环境，主要有四个方面的原因：

第一，孩子需要有给他安全感的人，陪他一起消化生理和心理的变化。父母不在身边，同龄人还不成熟，孩子独自面对这些新变化，就会“消化不良”，容易产生问题。第二，青春期是孩子跟父母培养亲子关系的重要时期。寄宿会导致培养亲子关系的机会骤降，不利于亲子关系发展。第三，孩子需要有人引导他如何处理在新阶段产生的人际关系问题，需要有人及时接住他的情绪，而寄宿会让他失去依靠家人的便利性。第四，很多青春期的孩子变得不再像以前一样跟父母沟通，主要是寄宿这种方式严重影响了沟通的质量。

所以，如果不到万不得已，初中生父母应尽量跟孩子一起生活。

如何与孩子同频共振

三个方法，与孩子同频共振

与孩子同频共振，需要耐心、关注和支持，通过与孩子共同探索、学习、玩耍和倾听等方式，增强亲子关系，建立更紧密的联系。

具体而言，有以下三个方法。

第一个方法：参加孩子的活动，认识孩子身边重要的人。

孩子的生活、学习中会有许多活动，如学校的文艺活动、运动会、亲子活动等。家长参加孩子的活动，可以更好地了解孩子的生活和兴趣爱好，孩子则可以从中感受到家长的关注和支持。而且家长可以与孩子的老师、同学和其他家长建立联系，了解孩子的学习情况和生活情况，为孩子的成长提供更多的支持和帮助。

第二个方法：定期开家庭会议。

家庭会议可以促进家庭成员之间的沟通，增强家庭成员之间的互动和亲密感，同时可以提高家庭成员的合作能力和解决问题的能力。家长可以让孩子多在家庭会议中表达自己的想法，表达对每个人的肯定和感谢，这是增进亲子关系和感受温暖的好办法。

第三个方法：设定一些常规的家庭活动。

家庭活动可以为家人提供互相了解的机会，让彼此之间的关系更加亲密。每一个家庭都可以设定一些常规的家庭活动。比如，一年可以组织四次旅游，其中两次由家长做主，另外两次由孩子做主。通过这些家庭活动，家长可以更好地陪伴孩子，在让孩子感受到爱的同时，与孩子逐步实现同频共振。

冯老师小课堂

陪孩子做他想做的事

我女儿经常抱怨我陪她的时间太少了。她有这样的想法，会让我反思。

要与孩子同频共振，一个有效的方式就是陪孩子做他想做的事。家长不要去评价这些活动是否有意义或价值，只是纯粹地陪他玩就可以了。比如，我的孩子最喜欢玩追打游戏，我就会无脑地跟着她们追打，有时我抓她们，有时她们抓我。对成年人来说，这个游戏很无聊，但孩子特别喜欢，我就陪她们玩。

除了和孩子一起玩游戏，家长还可以和孩子共同拥有一些属于他们的小秘密，这是与孩子同频的方式。比如，有时候，我的女儿有一些伤心的事情不想告诉她妈妈，却很乐意跟我交流。如果她不想让她妈妈知道，我会跟她一起保守秘密。

一个成年人，要想真正地和孩子同频共振，首先就要成为一个孩子。在孩子的无理取闹和追打中，我看到了她们的快乐，也得到了自己的乐趣，就像重新回到了童年。

养育孩子，其实是一种重新经历童年或青少年时期的方式。家长可以通过游戏这个窗口，与孩子建立联系，并对他们产生影响。如果你们之间的亲子关系建立得好，孩子愿意与你沟通，同时，你也能陪孩子做他喜欢的事情，你就能实现教育目的。

每一个人身上，都有三个角色——自我、父母、孩子。当你和真正的孩子在一起时，就是和你心里的那个孩子亲密互动的时候。这也是你真正的自我的一个侧面，有利于你了解自我和释放自我。

为什么要开家庭会议

通过家庭会议，家庭成员之间可以更好地了解彼此的需求和想法，有助于解决家庭内部的问题和矛盾，增强家庭成员之间的理解和信任。

家庭会议是一种重要的教育模式

李希贵，曾是全国最优秀的学校之一——北京市十一学校的校长（2007—2019 年），他的观点是，家庭会议是一种非常重要的教育模式。为什么这么说？开家庭会议又有哪些作用呢？

第一，家庭会议是一种常见的处理问题的方式。

将会议引入家庭，就是将社会化的模式引入家庭中，帮助家庭成员更好地解决家庭问题，并通过合作、协调和沟通等方式，增强家庭成员解决问题的能力。同时，通过会议解决问题，这是社会中成年人解决问题的方式。孩子在家里习得了这种问题解决模式，实际上就是对在社会中处理问题方式的一种提前适应和练习。在日后的社交中，孩子遇到问题，也会学着通过会议协商的方式解决，而不是通过本能的、暴力的方式解决。

第二，家庭会议尊重每个家庭成员的权利，体现了民主精神。

在家庭会议中，每个家庭成员都有发言的权利，都可以表达自己的观点和意见，无论它们是正面的还是负面的；每个人都有言论自由，大家的表达权会受到尊重；无论是家长还是孩子，大家的地位是平等的，可以就某个议题展开讨论。

第三，家庭会议让孩子在感恩中学会解决问题。

在家庭会议中，有一个很重要的环节，那就是感恩。例如，孩子可以感谢父亲为家庭所做的贡献，或感谢母亲每天起早贪黑为家庭付出的劳动，抑或感谢兄弟姐妹对自己的帮助。

在多子女家庭中，兄弟姐妹之间难免出现争吵，让孩子对兄弟姐妹表示感恩，有助于孩子看到彼此的优点，从而加深家庭成员之间的感情，让大家变得更团结，让亲情更加稳固。

从来不通过家庭会议解决问题的家庭，往往是父母说了算，是自上而下地做决策和解决问题；习惯家庭会议的家庭，不是父母说了算，也不是少数服从多数，而是建立一种投票通过的决议机制，使家庭决议更加具有权威性和民主性。

举行家庭会议的频率，可以是每个月或每两周一次，由专人记录会议内容。每个家庭成员都要发言，从感恩开始，再讲述意见和建议，最后对重要的事情进行表决。

家庭会议的这些特点，符合青春期孩子对自主性和独立性的需求。对于孩子来说，这是形成价值观的良好阵地。

三步流程，把家庭会议开起来

家庭会议可以帮助家庭成员更好地沟通、协调和解决问题，促进家庭和谐与共同进步。在我家，常常通过家庭会议来确定一些共同去做的事情。比如，照顾小花园，每个人要负责一项任务：种树、除草或者照顾宠物。我们就会通过家庭会议来协商分工。

很多人或许觉得，开家庭会议是一件很麻烦的事情，要协调时间、人员，商定议题，等等。实际上，只要掌握简单的流程，开家庭会议并不难。

第一，家庭成员轮流担任主持人。

家庭会议的主持人，应该由家庭成员轮流担任。比如，这次是爸爸，下次是妈妈，之后是孩子。

在会议中，每个人都要按照主持人给出的主题依次发言。比如，会议的主题是“感恩和贡献”，家庭成员就要依次表达自己的感恩之情和对家庭的贡献。如果由父亲开始讲，其他家庭成员就要讲述父亲为家庭付出了什么，以及对他的感恩之情。逐一发言之后，家庭的氛围会变得更加融洽和温暖。

第二，家庭会议的议程是“计划”和“决议”。

家庭会议的议程，主要是家庭成员在一起讨论一些重大事项。例如，孩子在哪里上学，要不要买学区房，要不要买汽车，等等。

此外，家庭成员还可以商定一些计划。例如，决定去哪里旅游或者为书房添置一张新书桌等。

在这个议程中，家庭成员可以自由发表自己的想法，最重要的是要表达自己主张的理由，还要想办法说服其他成员赞成自己的主张，并共同决定最终的计划和决议。

第三，讨论问题。

在家庭会议中，家庭成员可以共同讨论孩子在过去一段时间中所遇到的问题，以及家庭中出现的一些问题，并共同寻找解决办法。例如，孩子的数学成绩一直无法提高，大家可以一起探讨，想办法帮他提高分数。

每个家庭成员都可以发表自己的看法和建议，并共同制订解决方案，以达成共识。请家长们一定记住：开家庭会议，首先是要营造和谐的氛围增进感情，其次才是解决问题和达成决议。

冯老师小课堂

做个会聊天的家长

对于那些不善于聊天的家长，可以借助家庭会议的基本流程，让他们平等地参与到会议中来。这样可以帮助家长练习如何表达情绪和主张。

而且，有了流程，主持人可以更好地控制会议的进程和氛围，让每个人都能够按照规定的角色参与讨论。这就像玩一个剧本杀游戏，主持人给每个人分配了一个角色和剧本，只要大家按照规定的流程来执行，就不会有什么纰漏。

家庭会议是家长和孩子共同参与的一次集体训练，也是一次重要的沟通练习。通过联合解决问题，家庭成员可以磨合出一套沟通方式和话语体系。

我的两个女儿都很喜欢开家庭会议，可能是因为她们喜欢当主持人，享受掌控感。在家庭会议中，她们可以彰显自己的个性，还能得到我们的认可和赞扬。但是作为家长，我们不会让孩子一直当主持人，而是大家轮流来。这样做孩子会更加期待和珍惜自己成为主持人的机会，而且让孩子体验了不同的角色，这有助于她们学习规则，从而建立边界感。

家庭会议融合了中国文化和西方文化，是一种切实有效的解决问题的方式。对家长来说，这是一个与孩子沟通的好机会。即便你不善表达，不知道怎么跟孩子聊天，有了会议流程，你也能有法可循地与孩子聊起来。对孩子而言，家庭会议能让他们从家庭走向社会，提前学习如何与人合作、沟通，并在这个过程中，学习解决问题的方式。

孩子总叛逆，应该怎么办

在孩子小学时期，家长通常掌握着孩子的各种资源。比如，孩子的零花钱和上学机会等。如果孩子不听话，家长可以通过截断他们的资源来惩罚他们，让他们服从自己。

然而，到了青春期，孩子开始意识到自己有独立的能力和选择。比如，他可以向朋友借钱或去朋友家。家长截断资源的方式已经不再奏效，继续试图通过控制资源来掌控孩子是行不通的。家长需要寻找其他方式，与孩子沟通和解决问题。

孩子的叛逆，表现在哪里

一般来说，一个正常的孩子，总会在青春期表现出一些反抗和主张，也就是我们通常理解的叛逆。

青春期的孩子，开始渴望独立和自主，可能会对家长和老师的规定及要求表现出反抗的行为，也可能会更多地参与社交活动，扩大自己的社交圈子。

首先，青春期的孩子更加在意小团体的接受和认同，非常注重自己在团体中的地位。对于与小团体的价值观不一致的人和事，即便是家人主张的，他们也不会认同。

其次，青春期的孩子需要建立良好的沟通渠道和支持网络，需要积极地反馈和鼓励，也需要建立规矩和界限。如果家长不认同他们的主张，他们很容易产生叛逆情绪。

最后，青春期的孩子也会因为个人身上的某一个标签得不到认可和认同，而产生叛逆情绪。例如，他可能会认为擅长运动比擅长学习更有出息，更能够体现男性的魅力。如果他是学校校队的一员，他就会觉得很光荣，而不擅长学习对他来说没什么关系。如果他的这种价值主张和个人标签的主张得不到认同，他的叛逆情绪就会更加严重。

如何与叛逆的青春期孩子沟通

孩子一旦进入叛逆期，很多家长都觉得难以沟通。实际上，只要掌握了方法，解决孩子的叛逆问题并不难。

第一，家长可以从叛逆行为的反向出发，进行引导。

孩子叛逆，主要表现是不听话，跟家长对着干。你让他往东，他偏要往西。怎么办？你可以用叛逆管理叛逆。例如，孩子不愿意吃药，家长可以把药拿走，并对孩子说："按照你的性格，你是肯定不会吃的，我把药拿走就是了。"孩子可能会因为家长不让吃，叛逆的劲头一上来，就主动把药吃了。

从反向出发，引导孩子朝着正确的方向发展。这就是用叛逆管理叛逆。

第二，孩子叛逆，同龄人有办法。

比如，有一名高一的学生，突然不想上学了，他的父母找老师帮忙也无济于事。我给出的建议是，找到班级里跟孩子关系最好的那个同学，邀请他到家里跟他们的孩子谈谈，可能有帮助。他的同学和他一起聊了聊过去，谈了谈现在，还一起畅想了未来，最终，真的成功地说服了他，让他重新回到了学校。

孩子与同龄人互动的过程中，会产生更多的反思。如果家长能与孩子的同龄人建立起良好的关系，对了解自己的孩子是大有裨益的。

第三，家长的正确引导和教育，是孩子自我成长的关键。

在我的青春期，父母没有过多地干涉我的生活。即便我小时候喜欢打架，造成了很多破坏，他们依然给了我很多自由空间。

父母的这种"放养"，无意中促进了我的成长。初中之后，当同龄人开始叛逆的时候，我开始变得乖巧，喜欢读书，听他们的话，为他们争取各种荣誉。

回过头去看，父母的引导和教育起到了至关重要的作用。他们的不过问，恰恰满足了一个青春期孩子对自由和自主的渴望。

有时候，孩子并不需要家长过多地干涉。当孩子遇到问题时，家长不应该立即扑上去解决，而应该给他们一些独立思考问题的时间。家长应该给孩子足够的时间和空间，让他们在反思和经验中自我成长。

有一种叛逆，叫作顺从

青春期的孩子，喜欢表现自己的个性，表达自己的观点，但这并不等同于叛逆。而且，叛逆也不是青春期特有的情感，即使在成年后，也可能表现出叛逆的行为。

在某些情况下，叛逆甚至可以通过顺从来表达。一个孩子完全没有表现出反抗，看起来极度地顺从家长，其实也是一种叛逆。无论家长说什么，孩子都表示同意。因为没有任何争论，没有任何反驳，家长和孩子的沟通就会草草收场。孩子不必再听家长说教，有了更多的时间和空间去做自己喜欢的事。

表面看来，孩子非常顺从。实际上，孩子是通过简化沟通的方式简化矛盾，或者通过顺从式沟通获得自己想要的东西。

从这个意义上说，顺从是一种温和的叛逆。而且这种温和的叛逆会在未来的某个阶段表现出后遗症。例如，心智不成熟、叛逆滞后表达等。遇到这种情况，我的建议是要走进孩子内心，了解孩子真正想要的是什么，了解家长的哪些行为让孩子失去了表达自我的欲望……

冯老师小课堂

孩子的世界没有叛逆

有一个初中生，网瘾很大，没有手机就会摔东西，甚至对父母动手。他很叛逆，经常和妈妈打架，爸爸也经常被他打倒在地。

家长没有办法，只能把他送到一家私立的网瘾管理学校。他在那里住了三个月，爸爸很想念他，觉得他很可怜，向我咨询应该怎么办。我说，咱们一起去一趟，我帮你判断一下是不是能把儿子接回家。

一天晚上，我陪着这位父亲前往网瘾管理学校，一起去看望这个孩子。我和这个孩子聊了一小时，发现他之前的行为都是从父母身上习得的处理问题的方式。父母用暴力的方式管教他，他就用更加暴力的方式反抗。他从父母那里习得了一种需求满足方式——以暴制暴。

和孩子完成了对未来的设计和思考之后，我主张第二天将孩子接回寄宿制学校读书，并告诉这位父亲，他们作为父母要改变管教孩子的方式。从这以后，这对父母的教养方式大为改观，而孩子在学校的表现非常不错，再也不是家长和老师眼中的那个叛逆少年了。

这个故事说明，有时候，孩子叛逆的根源可能在于父母的教育方式和沟通方式。

孩子的生命中，社交是不可或缺的组成部分。家长可以在学业上帮助孩子，可以在生活中陪伴孩子，但孩子独立的社交活动，家长往往鞭长莫及。想要培养孩子的社交能力，家长需要让孩子学会独立并建立自信心。

第四章

让孩子拥有高社交力

孩子的社交模式，来自家长的教育

孩子的生活中，家庭和学校是两个重要的组成部分。在家里，家长可以给孩子无微不至的照顾。而在学校，更多需要孩子自己照顾自己。此时，孩子的社交能力就显得尤为重要。作为家长，应该帮助孩子了解正确的社交方式，并且鼓励他们主动与外界互动，积极适应外部环境。

在家“熊孩子”，出门“怂孩子”

有些孩子，在家里对自己的家人很强势，甚至很暴力，可是一旦离开家庭环境，立刻就变得很软弱。比如，他们在家里的霸道程度可能是十级，但是出门就降到了二级。

“熊孩子”在家里和在外面的表现不同，是由多种原因导致的。其中一个原因，可能是基因，即孩子先天就有某些特质，在特定环境下，这些特质得到了表达。另一个原因，主要是家人对他的过分溺爱，导致他没有学会如何温和地表达自己的情绪和需求。

如果把孩子表达情绪和需要的强烈层次分为十个级别，第一层级是从远处温和地试探，第十层级就是爆裂式表达。

如果孩子在家里总是急于表达自己的想法，或者总是用第九、第十层级的强烈程度来表达自己的情绪，而家长又千方百计地满足他的要求，孩子很容易习得一个反应：只要有情绪或者需求就激烈表达；或者说，只要有需求就狂暴表达。孩子往往很难经历其他几个温和程度的自我表达。这样的孩子社交时很容易受挫，因为没有人喜欢跟情绪反应强烈、没有合作意识，只知道强烈满足自我需求的人交往。

为了解决这个问题，我总结了四个应对方法。

第一个方法：角色扮演。

这个方法是模拟孩子在外面遇到的场景，通过角色扮演重新演绎一遍。演绎过程中，家长可以教孩子如何在守住自己价值观的前提下，有效地表达自己的主张，且不让别人产生敌意。

这实际就是帮助孩子练习逐级分层表达自己的主张，从温和的程度到强烈的程度都练习好，这样孩子就能学会在遇到类似的情况时恰当地处理。

第二个方法：让孩子学会独立思考，自己解决问题、承担责任、经历挫折。

“熊孩子”的家长，往往会尽量满足孩子的一切需求。他们看起来很爱孩子，其实他们剥夺了孩子独立思考和独自解决问题的机会。

如果想要提高孩子抗挫折的能力，那么家长就要学会在孩子提出某种需求时进行判断。合理的需求就满足，不合理的需求就拒绝。当孩子在家里这种安全的氛围中感受过被拒绝的体验，又能够学会自我复原，那他在社会上遇到相似的情况时，就不会表现得过于软弱或者不敢体验挫折。孩子学会了自我调节情绪，掌握了处理人际关系的技巧，就能更好地适应社会。

第三个方法：鼓励孩子学会与不同类型的人交往。

尝试和不同类型的人交往，理解和尊重别人的想法和感受，可以让孩子在更广阔的社交圈子里获得更多的机会和成功。

我有一个朋友，家境非常殷实，她是独生女，被家人视作宝贝，总是被人捧在手心里。因此，她变得非常自我、自私和专断。她把自己的所有东西都看作私有财产，按照自己的方式分配，并试图掌控周围的人。

她只跟那些听话、乖巧、能被她控制的人交朋友，那些更加独立、不好控制的人则被她远离。在她自己的小圈子里，她过得很舒心、很快乐，像女王一般随时可以向别人下达指令。可是，一旦出了自己的这个圈子，她就会因为无法掌控一切，而变得焦虑不安。

幸好，她现在自己创业，需要接触不同的人，在此过程中，她慢慢习得了如何与不同类型的人交往和合作。

从小有机会体验跟不同类型的人交往、能够团结更多的人，是有利于提升社交能力的方式。因此，家长要支持孩子多参加社团和校外的研学活动。成年人通过创业接触不同的人，孩子通过活动接触不同的人，都是有效的社交锻炼。

第四个方法：引导孩子多读书，提高自己的认知。

我一直觉得，孩子只依靠本能和家庭教育中的经验，是不足以应对多变的社交环境的。他们需要通过间接经验来丰富自己的认知，更好地适应社交环境。

读书，既可以让孩子有更多换位反思的机会，从而提高自己的认知能力，也可以让孩子知道，在不同的场景中应该扮演什么角色，以及在与人沟通时应该遵循什么原则和主张。

我们需要认识到的是，孩子在家中的表现并不能完全反映他在社会中的真实状态，家长需要创造机会让孩子在不同的环境中生活、学习，从而习得不同的社交经验。

冯老师小课堂

通过模仿来学习

孩子最常用的学习模式，就是模仿。因此，家长最好不要直接给孩子灌输知识，而是让他们通过模仿来学习。

既然家长很难直接介入孩子在校园中的社交活动，那么不妨把自己打造成一个适合孩子模仿的对象。有些家长本身社交能力不错，可以让孩子真实地参与家长的生活，观察家长是如何与人交往的。孩子可以从家长身上，学到很多有用的知识，并模仿家长去交朋友。如果家长不擅长社交，可以将孩子托付给一个擅长交际的好朋友，让孩子跟着他学习。

有一位家长来访，认为自己的孩子总是在错误的时间、错误的地点，用错误的方式与他人互动。例如，课堂上讲话、教室里打闹、寝室里喧哗等，给老师留下了不好的印象。可是，他又不知道如何教导孩子，于是就向我咨询。

我建议这位家长，可以找一名品学兼优、喜欢阅读的大学生来当孩子的家教，但不是教授知识，而是陪伴孩子。让他带孩子去大学、图书馆、展览馆参加各种社交活动，等等。这个大学生可以在各种场景中影响孩子，成为孩子模仿的榜样，帮助他成长。

这位家长接受了我的建议，给孩子找了名品学兼优的大学生当家教。后来，这位家长告诉我，这名大学生陪伴了孩子一个学期，对孩子的影响非常大，孩子的很多言行有了明显的改善，老师也很快地改变了对他的认识，同时，孩子的世界观和价值观都有所改变。

由此可见，这种可模仿的陪伴式教育的确对孩子的成长有很大的帮助。

另外，如果孩子的社交遇到问题，家长要反思的是家里出了什么问题。因为，社交是一种本能，不需要激发，孩子自己就想要找朋友。如果家庭关系不和谐，家长的价值观有问题，那么孩子出现社交障碍的可能性就会更大。这其中的主要原因就是模仿对象出现了问题。

夫妻关系和谐，孩子社交受益

想要构建和睦的家庭氛围，良好的沟通发挥着巨大的作用。尤其是夫妻之间的沟通，不仅对维护亲密关系有很大的帮助，而且对孩子的成长和发展有很大的影响。

孩子不该成为父母关系的“挡箭牌”

家庭中出现沟通问题，一定不仅是某个人的问题，而是整个家庭系统的互动模式可能有问题。因此，单独从个人身上找原因并不能真正解决问题。

更糟糕的是，很多父母有一个习惯——转移夫妻之间的矛盾，拿孩子当“挡箭牌”。这种情况下，孩子要承受来自父母的压力和责任，会极度缺乏安全感。

有一个初中生，他的父母关系很不好。父亲觉得，孩子出现问题都是妻子的错。母亲在家里总是处于弱势地位，没有得到丈夫的关心和爱护。因此，母亲将所有的精力和期待都放在孩子身上，逼迫他必须疯狂地学习、必须取得好成绩、必须要听话。此外，母亲经常跟孩子诉苦，孩子也因此承担了一部分母亲对父亲的期待（妻子在现实中不能从丈夫那里获得的期待）。每当孩子不听话时，母亲就会告诉他，如果你的名次退步了，爸爸就又要打电话骂人了。孩子感觉到痛苦和疑惑，不明白父亲为什么会因为他的退步而生母亲的气。

孩子越来越自责，觉得自己是一切问题的源头，甚至认为母亲受到伤害也是因为他。孩子一方面心疼母亲，一方面痛恨父亲，一方面又因此自责和痛苦。

他承担了多重角色，情绪内耗越来越严重。因此，他变得越来越敏感和多疑，学习成绩也很不稳定……

我在他们的咨询过程中，对他们的家庭关系和结构进行了分析，并带着他们一起做情景模拟，让家长和孩子讲出自己的感受。

我在得到他们允许的前提下，录下了做情景模拟时的音频，发给他们每个人听。父亲开始发现自己的一些问题，并逐步改变。母亲在录音提醒下也开始反思……于是，一个良性循环开始启动。我又和他们进行了十几次的家庭咨询，帮助他们继续改进，并向内反思。

渐渐地，他们的家庭关系有了很大的改善，孩子的状态也明显不同了。

很多时候，亲子沟通出现问题，很大一部分原因是夫妻之间的关系不好。

作为父母，我们应该提醒自己去思考：孩子现在的问题有多少是与他自己相关的，有多少是与父母关系有关的。

会沟通的夫妻，拥有好的亲子关系

夫妻关系是亲子关系的榜样模型，如果夫妻之间的关系很好，亲子关系多半也不会差。如果夫妻关系不佳，彼此沟通不畅，又会给孩子带来哪些影响呢？

第一，孩子很容易成为家庭中另一个角色的替代品。

如果父亲经常不回家或者对家人很暴力，而母亲又希望拥有一个理想的丈夫，那么孩子很可能需要听母亲的唠叨，需要特别关心母亲，成为承担父亲角色的那个人。孩子的角色产生扭曲变形，就会有很大的心理负担。母亲把自己的焦虑转移到孩子身上，必然会影响孩子的身体发展、学习、社交、情绪，以及其与外界沟通的方式。

第二，孩子被动与父母形成同盟关系。

夫妻之间发生矛盾、争吵的时候，处于劣势的一方，往往会选择和孩子结成同盟关系。比如，母亲对父亲感觉不满时，会拉着孩子一起批判他，把父亲孤立起来。这种做法会导致孩子与父亲之间产生矛盾，加剧家庭冲突。在这种糟糕的环境中成长起来的孩子，通常容易出现社交问题。

第三，孩子可能会为了缓和父母的关系而生病。

夫妻关系出现问题时，孩子夹在中间是非常痛苦的。为了缓和父母的关系，孩子可能会把自己变成“问题”，以此团结父母来解决自己的问题。比如，突然不想上学了、多动症、抑郁症等。

有时候，孩子甚至可能会假装生病，从而引起父母的关注，让他们共同努力，来解决自己的问题。孩子认为，只要这样，就有机会让父母在合力解决自己的问题的过程中，逐渐改善夫妻关系。

总之，父母是孩子的老师，如果夫妻关系不好、沟通不畅，那么孩子从父母身上学到的沟通方式往往也是有问题的。反之，如果夫妻关系很和谐，孩子能时时刻刻感受到爱，那么他与别人的沟通也是真诚、友爱、健康的。

冯老师小课堂 夫妻关系影响孩子未来的亲密关系

在一个家庭中，夫妻关系比亲子关系更重要。夫妻关系中存在的某些问题，未来有可能在孩子的亲密关系中重现。

有一位女士，经历了两次婚姻。她的第一任丈夫，常常欺负她。他们两个相处的模式，就像她的父亲和母亲一样——她父亲也经常欺负她母亲。一直以来，她都在极力避免重复母亲的悲剧，但在毫无意识的情况下，她还是与一个类似她父亲的人走到了一起。

更加不幸的是，她的第二任丈夫与第一任丈夫又很相似，最终也离她而去。她感到很无奈，自己似乎陷入了一个恶性循环中，却又不自知。

当我们感到循环式痛苦时，这表示自己已经无法解决自身的痛苦了，这时，应该主动寻求心理咨询师的帮助。

总之，夫妻关系的质量既决定自己的幸福，也影响孩子的幸福。智慧父母，都是能够反思并经营好自己关系的父母，这是父母给孩子的最重要的爱。

与异性相处，青春期孩子的成长课

摆脱对早恋的狭隘认知

有的家长对孩子的早恋理解得比较狭隘。他们认为，只要孩子和异性有暧昧的互动，就算早恋。比如，男女同学一起出去买东西、逛街、吃东西就算早恋。

在与青春期孩子的沟通中，我发现他们对确定恋爱关系的定义和家长是完全不同的。在他们眼中，只有在自己的私域朋友圈中做了官宣，才是确定的恋爱关系。如果家长对青春期孩子与异性之间的互动表现出过激反应，更可能导致孩子真正走向早恋。

把“早恋”换成“恋爱”

家长如何应对青春期孩子的恋爱问题呢?

第一，家长要保持开放的态度。

恋爱，是每个人本能的生理反应，包括对异性的好感，就像呼吸一样，是很正常的。家长可以在小学三年级或者四年级就开始主动地与孩子谈论“恋爱”这个话题。找一些绘本或者其他读物让孩子有机会接触，甚至你们有机会聊聊这个话题。

如果家长的态度非常开放，孩子会主动与家长分享他们的想法和感受。如果家长的态度非常保守，孩子会觉得不好意思，也害怕家长反应过激，不愿意与家长分享。

青春期孩子第一次与家长分享他们关于恋爱的想法和感受时，家长应该保持冷静，不要做过多的评价，这样就有机会多听听孩子真实的想法和价值观。甚至，家长可以讲讲自己的感受和故事，说说其中的经验和教训，但是把判断和评价的权利留给孩子。

总之，只要家长在这个敏感问题上对孩子保持开放的心态，孩子就可以把自己真实的感受和看法跟家长分享。如果孩子憋着情感，不能分享和谈论，就会影响他的心情和学习。如果他和错误的人谈论，接受了不正确的引导，就可能会把恋爱导向错误的方向。与其这样，不如家长从头到尾作为参与方，了解孩子的动向。不管结果好坏，你至少是及时知道消息的人，你有安全感，孩子也有阳光的心态，这可能是大家都能够接受的状态。

第二，家长要明确底线和原则。

对家长来说，底线和原则是不可改变的，需要反复并清晰地表达。

首先，不能发生性关系，这是底线。青春期的孩子，身体发育不全，过早发生性关系，对他们的身心都有负面的影响。

其次，不能因为恋爱有过激行为。比如，因为吵架就逃课了，或者对人动手了，等等。

最后，要提醒孩子，怎样恋爱才能减少对学习的影响。只要恋爱，就一定会对学习产生影响。人的精力毕竟有限，一部分精力用在恋爱上，学习便难免受到影响。

在青春期阶段，孩子们可以有一些暧昧的关系，这是对爱情的基本准备和练习。只要不违反底线和原则，我认为是可以接受的。如果无法阻止暧昧，倒不如主动跟孩子讲清楚底线和原则，防止重大问题的发生。

冯老师小课堂　青春期孩子的爱情表白

作为一名心理咨询师，每个学期都有青春期学生与我讨论恋爱问题，其中最常见的问题是“高考快到了，我该不该表白？”或者“我已经暗恋他三年了，毕业季我们即将分开，我该不该表白？”。对此，我会开放地跟他们讨论。

我会跟随他们的思路来分析。我跟学生说，表白有两种结果：第一种结果是他答应你，你们开始谈恋爱，因为感情浓烈，你们的心态和成绩可能出现波动，高考也许会受到影响；第二种结果是他拒绝你，这让你非常伤心，你的备考也可能受到影响。

可见，无论哪种结果，你的高考都可能被影响。最后，我会说：“要不要现在表白，你自己决定。”如果学生一定要问我的建议，我会鼓励他，在高考最后一门考试结束以后，再用合适的方式去表白。

我会经常跟学生讲爱的意义和内涵。爱不只是单纯的情感，还包含着责任和关怀。它能够给人带来幸福和快乐，同时需要我们承担起责任和义务。因此，恋爱要考虑对自己的影响和对对方的影响。

我也建议家长，不要把恋爱看作一个问题，而要把它看作“孩子在青春期学习什么是爱”的一次机会。

校园霸凌是孩子一辈子的伤

所谓校园霸凌，是指在学校内，一个或多个学生对另一个学生进行恶意、重复性的攻击、威胁、排挤、孤立、侮辱、伤害和剥夺其尊严与权利的行为。这些行为可能涉及身体、语言、文字、网络等方面，给被霸凌者身心带来伤害和困扰。它不是孩子之间的嬉笑打闹，而是青少年的犯罪行为。校园霸凌已成为全球性的社会问题，需要家庭、学校、社会各方共同努力预防和解决。

判定孩子被霸凌的六种迹象

校园霸凌多发生在校园中，如果孩子不主动与家长沟通，家长也不加重视，往往很难察觉，导致孩子长期生活在被霸凌的环境中。

其实，家长可以从某些迹象来判断孩子是否在学校被霸凌，具体来说，可以总结为以下六种。

第一，孩子会与人发生争吵或打架，攻击性变强。

第二，孩子身上有瘀伤、割伤、擦伤等伤痕，却又解释不清楚怎么回事。

第三，遗失或者毁坏物品，经常性的身体不舒服，或者假装生病。

第四，生活习惯发生改变。比如，突然不吃饭或者暴饮暴食，失眠或者频繁地做噩梦。

第五，学业成绩下降，不想去上学，选择不合理的或者较远的路线去上学，甚至请求家长护送他上学。

第六，突然失去朋友或者不想参加社交活动，离家出走，伤害自己或者谈论自杀等问题。

如果家长觉得孩子可能被霸凌了，可以和孩子进行沟通，了解情况，并与学校老师联系，共同解决问题。

孩子遭遇霸凌，家长应该这样做

每个家长都爱自己的孩子，都不希望自己的孩子遭遇霸凌。但是，有时候，霸凌总是不期而至，让孩子遭受身心的折磨。

如果孩子真的遭遇了霸凌，家长需要采取以下措施。

第一，表明自己的态度。

发现孩子被霸凌，家长要斩钉截铁地告诉孩子，这不是你的错。但是，有的家长认为，孩子受欺负就是自己受欺负，于是情绪化地直接到学校找对方孩子算账，结果既让孩子在同龄人面前尴尬，也让老师很为难；有的家长认为，孩子被欺负是软弱无能的表现，于是又教训了孩子一番，结果给孩子造成二次伤害。

这些做法都是站在孩子的对立面，让孩子觉得是自己的错。

这里要提醒的是，身为家长，不能站在孩子的对立面，而应该站在孩子身边给予支持和安慰。这是用行动告诉孩子：这不是你的错。

第二，给孩子提供发泄情绪的渠道。

孩子遭受霸凌，心理一定会受到伤害，会有很多情绪需要排解。这时，家长要告诉孩子，他可以哭，可以骂，可以在自己的房间里扔枕头，等等，只要在可控范围内，孩子可以选择某种方式来发泄情绪。

另外，家长可以询问孩子是否需要寻求心理咨询师的帮助。如果孩子觉得需要，那就要马上接受心理咨询。

第三，接纳孩子的焦虑和恐惧。

孩子遭受霸凌后，心理和行为都会发生一些变化。其中，焦虑和恐惧是比较常见的表现。如果他不愿意上学，或者绕路去上学，或者每次都需要家长陪伴，家长对此应该给予理解。接受他们的焦虑和恐惧，并陪伴孩子一起去上学，让孩子感受到安全和被关照。

第四，演练应对方式。

孩子在学校被人霸凌之后，家长最应该做的，是想办法不再让霸凌者继续欺负孩子。

家长需要让孩子知道如何寻求帮助。比如，在遇到危险时，要大声呼救，喊“救命”“有人打我”，或者赶紧跑到保安室或人多的地方等。

当然，最重要的是，家长要与孩子保持良好的关系，让孩子知道他们可以信任和依靠自己的家人。这样的支持和关怀，对于孩子应对霸凌问题至关重要。

家长该怎么帮助孩子尽量避免霸凌

在没遭受霸凌之前，孩子对它是一无所知的。所以，他们在被霸凌时，往往表现得手足无措，甚至是默默忍受。

为了减少这种情况的发生，家长可以适当地采取一些预防措施。

第一，家长应避免出现暴力行为。

如果家长很喜欢对孩子动手，孩子就很可能学会用类似的行为方式去解决问题。这样的做法会带来两种结果：一是孩子会像家长一样经常使用暴力欺负别人；二是孩子由于经常遭受暴力教育，心理和思维方面可能出现畸形。

因此，家长应该使用正确的教育方式，不要让暴力成为孩子首选的应对方式。

第二，避免孩子产生“习得性无助”的心理。

持续不断地遭受霸凌后，孩子可能会逐渐习惯顺从，产生“习得性无助”的心理。比如，孩子一旦被霸凌，就会蜷缩起来，任由别人欺负，完全丧失反抗的本能。

有些孩子的顺从，很可能是他在家庭中长期遭受暴力教育的结果。暴力教育的家长期待自己的孩子乖巧、听话，孩子就长成了他们期待的样子。只是孩子对你顺从、听话，对别人也一样。但凡别人强势一点，就会让他回到“习得性无助”的状态。

这样的孩子往往缺乏独立思考的能力，一方面由于无助而缺乏安全感，缺乏自信；另一方面因心里不服却又不敢反抗而内耗，滋生各种心理疾病。

我经常问暴力教育的家长们一个问题：“如果暴力管理孩子的结果是，在家里听话乖巧，在社会上懦弱顺从，以致经常遭人操控欺负，你还要为了让孩子听话而暴力管理吗？”

我们教育孩子，不仅是要他学会遵守基本规则，更要让他学会批判性思维，能够陈述理由、表达不同观点，同时勇敢地说出自己的不同意见。我们应该让孩子学会在人群中展示自己的优势和能力，让孩子的自我个性有机会发挥出来，让孩子更加自信和自主。

第三，把孩子的好朋友团结到一起。

如果孩子有自己的朋友，他们成群结队地在社交场合中出现，霸凌者往往就不敢招惹他们。如果孩子没有朋友，每次出现都是单枪匹马，他被欺负的概率自然会更高。如果家长能够创造机会让孩子有更多朋友，平时在一起互动，甚至让孩子的朋友圈越来越大，关系越来越紧密，孩子无形中会受到更多的保护。

事实上，绝大部分校园霸凌的根源都在家庭教育中，家长总是通过强势管理甚至暴力管理，让孩子顺从和听话。虽然这样管理孩子看起来很轻松，但代价是孩子长大以后很容易受到欺负。这样的教育也是失败的。

冯老师小课堂 应对网络霸凌的方法

我认识一个智商极高的学生，他的社交方式和风格却与众不同。他说话的声音很大，别人都不喜欢。他渴望大家的认同，却经常遭人嫌弃。

他组织过一场活动，到场人数不多，于是当众大发雷霆。有人拍了视频发布到网上，这让他的不良形象被放大。加上平时有人在背后议论他另类的社交风格和特立独行的行事作风，于是周围讨厌他的人越来越多，慢慢地，他几乎被身边的人孤立了。后来这种孤立愈演愈烈，开始有人向领导反映说他有精神病，导致学校领导总是跟他谈话，这让他更加困扰，甚至开始怀疑这个社会是否还有他的容身之处。之后，他变得异常愤怒，认为正是自己就读的大学毁了自己，于是毅然退学。

有一次，他向我咨询，今后面对这样的事情怎么处理。我告诉他，这是别人对他的网络霸凌，这不是他的错。我对他说，面对网络霸凌，有四个解决办法处理。

第一，听取别人的反馈。

很多时候，你觉得自己不被别人理解，其实是因为你没有让别人看到真实的你，或在表达时，没有顾及别人的感受。

多听取别人的反馈，可以消除很多沟通障碍。比如，你可以问问对方：“在和我相处的时候，我有哪些行为或做法让你感觉不舒服？”

你尊重对方，对方也会尊重你。消除了沟通中的误解，网络霸凌自然就会减少。

第二，与别人沟通时，拿一个笔记本和一支笔。

拿本和笔的目的，是记录对方的言语，也是降低自己说话的频率。

所谓“言多必失”，如果表达不清，说得越多就越容易引起误会。你能认真地倾听对方，细致地做好记录，这既是充分地尊重别人，也是控制自己的表达欲，降低言语出现差错的好办法。

第三，用录音检查自己的说话音量是否过大。

一般来说，人的自我认知都会有偏差。即便你的声音很大，自己也很难关注到。想知道你的声音是否真的给别人造成了困扰，你可以听听自己的录音，从第三者的角度审视自己。

通过审查自己的言行，你可以更快地提升自己，让自己的人际关系更加和谐。

第四，学会跟成年人借力。

如果你不善于和学校领导沟通，那你可以提前向家长或者身边亲近的成年人求助，让家长直接和学校领导沟通，或者请有监护权的其他成年人和你一起去跟学校领导沟通，这样就可以避免沟通引起的误会。这就像在打官司时，对方派律师来沟通，你也应该让自己的律师去应对，而不是自己单独与对方的律师沟通。这种方式可以确保有效的沟通，避免不必要的麻烦。

总之，绝大多数的霸凌，其根源都在家庭教育当中。如果家长用暴力或者强势的教育方式对待孩子，孩子可能习得你的待人方式，要么暴力欺负别人，要么被人欺负时“习得性无助”。这两种“后遗症”都将严重影响孩子未来的社交。

内向的孩子，也可以有自信的社交

内向的孩子，通常在公共场合不太喜欢说话，比较胆小。对于内向的孩子，家长应该尽可能地理解和支持他们的社交风格，而不是过度强迫他们变得外向。

家长的过度干预，无形中过度包办了孩子的生活，影响了孩子的个性和人格独立。这也可能是孩子变得内向的重要原因。

尊重内向而非试图改变

身为家长，应该尊重每个孩子天生的气质和性格特点，其中自然也包括内向。内向不是缺点，不等于不善交际，关键要看孩子对内向持什么态度。如果孩子自认为内向并不是一个问题，那么家长就没必要去改变孩子。孩子的自我认同，比变得外向要更有价值。

内向的孩子也许不善于表达，但他们本身也有自己的特点。

第一，内向的人敏感度高。

所有内向的人，基本都有一个共同的特点——敏感度超高，他们能够在人群中精准地感知每个人的情绪。相较之下，外向的人敏感度则弱一些，较少有对他人情绪的关注和共情能力。从情绪价值的角度来说，内向本身就是一种社交资源或者社交优势。

第二，内向的人很擅长精准地找到自己的同类。

内向的人，往往能凭借自己的敏感度和洞察力，找到与自己类似的人，并与他们建立起真诚的友谊。他们之间的关系，相对比较紧密，彼此之间的吸引力更强。从这个角度来说，内向的人在社交方面并不会遇到太大问题，他们能够通过自己的优势获得更多的朋友和资源。

内向本身就是一种优势

在心理学上，有一句话叫作“乐观者成功，悲观者正确，智者寡言”。而在我眼中，智者并不会划分对错，而是能够洞察事情的本质并作出明智的决策。也许，内向不多言，本身就是一种优势。

对待内向的孩子，要想让他们内向的优势得以发挥，就一定要让他们的特点自然流露，而不是刻意去迎合别人的期望。同时，要让他们积极参与感兴趣的社交活动，与志同道合的人建立深厚的友谊，这样他们就能够更加自信和自在地发挥自己的优势，获得成功和快乐。

想让内向的孩子提高交际能力，一个简单有效的方法是，将社交分为三个层次。

第一个层次：内圈。

内圈，是指身边人构成的圈子，包括同桌、邻居、家族成员等。孩子先要与这些人建立友好的关系，和他们成为朋友。这是向外交往的起点。

第二个层次：外圈。

外圈，是指更广泛的社交圈子，主要说的是通过熟人进入的陌生圈子，也就是你朋友的朋友、熟人的熟人。外圈的形成建立在内圈之上，孩子通过与内圈朋友的交往，学习了他们的社交经验和能力，提升了自己的社交技巧，就有经验和勇气拓展社交圈子，建立更多有意义的人际关系，让自己更加自信和开朗。

第三个层次：恐惧圈。

恐惧圈，是指孩子生活圈外或者家长圈的成年人。这个圈子更多是家长引见的人，孩子能接触到的不多。家长可以借助这个圈子帮助孩子探索更大更疏远的关系，但是不要强求孩子参与。

如果家长想要帮助孩子提升跟陌生人交往的技能，可以尝试角色扮演来练习。例如，孩子可能不擅长表达，家长可以扮演一个在熟人聚会场合里的陌生人，让孩子扮演自己，通过反复练习，让孩子积累社交经验，提升社交能力。

通过社交圈层提升社交技能，就是让孩子一步一步尝试，从社交舒适圈探索非舒适圈的过程。

冯老师小课堂

不会处理人际关系不等于内向

有的家长，看到自己的孩子没有朋友，跟别的孩子玩不到一起，就觉得这是孩子内向导致的。实际上，这可能只是孩子社交风格的问题，跟内向并无关系。

有个孩子，他从小就遭受家暴，只要不听父亲的话，就会挨揍。长此以往，这个孩子学会了两种解决问题的方式。第一种是只要别人不配合，他就揍人家。在小时候的成长经历中，他没有学会其他社交技能，最擅长的就是，当别人不听他的话或者不愿意和他玩耍时，他就会使用武力强迫别人与他交往。这种方式让他几乎没有朋友。

于是，随着年龄增长，他选择了第二种方式，就是越来越回避与人的正面交往。他变得沉默寡言，不愿意表达自己的观点，刻意避免与别人交往。这看起来有点内向的样子，但从他的成长过程来看，他并不是内向，只是没人教会他如何正确社交。

他找我咨询时，谈到一个具体问题。他说有个室友喜欢摇动他的床铺，他很反感，却不知道怎么说。而且这个室友正是他的寝室长，是一个人缘很好的人，他很担心自己表达了诉求之后会被孤立。

咨询中，我们一起写了表达自己诉求的台词，我带着他一起练习，然后我们进行角色扮演。我们一起练习了十几轮。最后，我鼓励他尝试找室友沟通和表达自己的诉求。结果证明这个办法非常有效，他成功说服了室友，而且意外地与室友成了朋友。

后来，我进一步教他把这个成功的经验，迁移到寝室之外的人和场景中。比如，之前有人在他做题时总是打扰他，他深感烦恼，却不敢直接对别人说。于是，我鼓励他自己写了一份台词，像之前一样反复练习，然后实施。后来结果也很好。慢慢地，他就学会了如何用正确、合适的方式表达自己的主张，他还把“写好台词，角色扮演”的社交技能，教给了别人。

这个孩子的故事告诉我们，内向是一种社交个性，而不是社交问题。家长可以在家里创造一个安全的环境，建立一个开放的平台，让孩子在练习中积累经验，然后将这些经验迁移到更具挑战性的环境中。这样，孩子就能够更加自信和熟练地运用这些技能，提高自己的社交技能。

一个人产生学习的动力，通常是受到内因和外因双重推动的。内因是个人的梦想、目标等，它是精神层面的需求，会带来内驱力。外因是外界的奖励、惩罚等，它更多的是物质层面的刺激，往往不可持续。对孩子来说，内因发挥的作用更大，家长应该引导孩子不断发掘内驱力。

第五章

这样帮孩子提升学习效率

唤醒孩子学习的内驱力

有些孩子目标感强，是因为他对某些事物感兴趣，内心深处藏着真正的热爱。如果一个孩子找到了自己的热爱，同时能够得到父母的支持，那他就能够表达并释放自己的热爱，从而激发内驱力。

目标感是孩子内生出来的

有目标的孩子，更有内驱力，因为只有内生的目标才能激发内驱力。但是有的孩子没有目标，其原因可能有以下几点。

第一，被迫接受家长设定的目标。

有些孩子缺乏目标，并不是因为他们本身没有目标，而是因为家长给了他们一个并非自己想要的目标。他们不喜欢这个目标，却又无法反抗家长，只能被迫跟着走。无论孩子做什么事情都有人设定好目标，长此以往，孩子便只需要像行尸走肉一样机械地挪动脚步就可以了。但是，如果孩子总是身体对抗着内心行事，不但做事不能全身心投入，也会慢慢失去自己设定目标的能力。

第二，认为自己不需要目标。

有些孩子并不觉得设定目标很重要，缺少目标也没有影响他们的生活，目标并不是他们的必需品；还有些孩子可能都不知道自己想要什么，也就更不知道为什么要设定目标了。而且，他们没有足够的资源和外部的支持去实现自己的想法。因此，就会觉得有目标也无用，于是就随波逐流了。

总而言之，如果孩子的目标是外界强加的，那它不过是一个外在的条件而已，并不能称得上是目标。很多时候，孩子没有目标，是受各种因素的影响；孩子有目标，则需要家长做好引导。

孩子内驱力足不足，取决于家长引导得好不好

为了引导孩子增强目标感，家长具体要如何做？先看常见的几种错误的做法。

第一，过多地使用外部奖励。

外部奖励的效果可能立竿见影，但是，后遗症也很多。比如，孩子考试得了第一名，家长给孩子买他最喜欢的玩具或一台电脑，这是激励效果最快的奖励方式。但这种激励有效性的时间较短，还有后遗症。家长要是以后不给奖励，孩子就不努力学习了；要是继续给奖励，那奖励的投入就会越来越多，这是不可持续的。比如，这次是玩

具，下次就是电脑，再下次就是更昂贵的东西了。这种有条件的外部奖励，其实不利于孩子内驱力的形成。

第二，以批评、否认的方式沟通。

很多家长喜欢以批评、否认的方式和孩子沟通，这会挫伤孩子的自尊心。

举个例子，孩子数学没考好，家长说："成绩不好，是不是你的学习能力有问题？"家长把错误和问题归结为孩子的内在因素，这种方式是很可怕的。因为家长否定的不只是孩子的表现，也否定了他这个人。

孩子会因此觉得自己的智力不够，逻辑能力也有问题。既然已经是有问题的人了，那努力也没用。这会让孩子失去信心和动力，他可能不再有兴趣去解决问题，更没有动力好好做事、好好学习了。

第三，让孩子完成自己的夙愿。

有的家长喜欢把自己的理想强加给孩子，却从不关心孩子的目标是什么。比如，家长当年没有条件考北大，于是希望孩子考北大，但孩子只想考师范大学。以孩子现有的知识水平，他觉得已经足够考师范大学了，那为什么还要努力呢？

家长的夙愿不足以激励孩子学习，只有从孩子自己的诉求出发才能激励孩子。比如，问问孩子，为什么考师范大学就足够了？考上师范大学需要怎样的努力？想考什么层次的师范大学？这些学校有什么区别？

一个人的内驱力，来自他感受到的胜任感、自主感和归属感。

胜任感，是孩子有能力把这件事情做好；自主感，是孩子能自由决定他什么时候做，做到什么程度；归属感，是无论这件事情做得好还是不好，他都能被别人接纳。

这几个特点，是层层递进的，有一个升阶的过程。举个例子来说，有个男孩，在学校很沉默，不喜欢与人交往。但他很喜欢篮球，打得也很好。有一天，他妈妈把他苦练篮球的视频发给了老师，老师看到男孩的球技，对他赞不绝口，还让他加入校篮球队，给男孩展示的机会。男孩在篮球场上得到了自信，慢慢在其他领域也开始变得优秀起来。在打篮球这件事上，孩子就是有胜任感的。

因为男孩在很多方面开始变得自信和优秀，家长和老师给了他更多自主安排学习和训练的机会。他可以安排自己的学习时间，可以决定跟谁做朋友，他完全有自主决定的权利，这就是自主感。

男孩能自由地作决定，有独立的人格，他的魅力会吸引很多人。他的一切行动，都会得到身边人的支持和称赞。他身边的人，可能是家人，也可能是朋友，无论是哪个圈子，他都会有很强的归属感。

男孩在学习、社交等方面都表现得非常好，就能成为一个更自信的人，一个做事很有内驱力的人。

想要激发孩子的内驱力，家长需要紧紧围绕以下三个维度来展开。

第一个维度，对孩子做的事情，家长要做内部归因和外部归因。这解决的是胜任感的问题。

为了激发孩子的内驱力，家长要学会对失败多作外部归因、对成功多作内部归因。举个例子，孩子考试没考好，家长这样说就是外部归因："这次考试你没考好，据老师说是因为考试的时候外面噪声太大了，你无法集中精神。我相信你下次就能把自己学好的知识和能力考出来。”

孩子数学考试考好了，家长这样说就是内部归因：“老师说你数学学得好，是因为你智商很高，逻辑思维很强，你学数学很有天赋。”

这种沟通方式可以让孩子看到自己的优势，同时看到通过自己的努力也可以变得很优秀。

第二个维度，相信孩子自己解决问题的能力，给他更多空间探索。这解决的是自主性的问题。

孩子的成长，离不开不断试错。所以，家长要对孩子学习和做事的过程有更多的包容。如果孩子考试没考好，家长可以跟孩子一起分析原因，看看在哪些方面没有做好。引导孩子自己分析，并相信孩子有能力处理好自己的事情。同时，要看到孩子的进步，并及时鼓励他。这样，孩子才能够更加自信地面对失败，也更加自信地探索和学习，并在此过程中不断地进步。

第三个维度，给孩子无条件的爱，这解决的是归属感的问题。

有的家长爱孩子是有条件的。一旦孩子达不到要求，爱就会发生变化。比如，孩子的成绩一有下滑，家长对孩子的态度就开始不好，甚至对孩子进行打骂。这种方式会让孩子很伤心，导致他不再愿意听家长的话，也不再愿意继续努力。

无条件的爱，就是我爱你仅仅是因为你是我的孩子，而不是因为你优秀、聪明或者听话等。家长给孩子的爱应该都是无条件的，并且要让孩子真切地感受到。

总之，只有家长会引导，孩子才会有内驱力。

冯老师小课堂 以终为始的教育方式

很多家长在教育孩子时，只是盯着孩子当下的表现，却很少思考到底希望自己的孩子成为什么样的人。

如果家长想清楚了孩子最需要什么样的素质，以终为始，就知道当下最需要做什么了。这是培养孩子内驱力的起点。

有一个初中女孩，性格内向、成绩一般、长相也不出众，各方面都比较普通，很难被人注意到。但是，她的妈妈是一个非常厉害的人，因为她善于发现女儿的优点。

有一天，女儿在家里非常认真地练习在学校新学的广播体操。妈妈发现女儿特别擅长做广播体操，并把她辛苦练习的过程拍成了视频。之后，妈妈把视频发给了女儿的老师，让老师了解女儿的努力。

老师看到视频后，对这个女孩表示认可和鼓励。老师发现她是全班做得最好的，于是让她在全班同学面前领跳了一遍。她的表现得到了同学们的热烈掌声，后来老师还推荐她到全校去领操。这个经验让她获得了极大的自信。于是，这个女孩开始疯狂地学习，不需要妈妈的陪伴和教导，也不需要妈妈的监督，自己就能够自觉地投入到学习中。后来，随着学习成绩的提高，她的社交圈子也变得更加广阔。这些正向的经验迁移，让她变得更加自信和积极，有了更多的动力去追求自己更多的目标。

这个家长做对的地方是，她发现培养一个有自信心的孩子很重要，于是，她细致观察孩子的各种表现，从中发掘孩子的亮点。亮点让孩子有信心，有了信心，内驱力自然就来了。

缓解压力，更快乐地学习

孩子面对的三重压力

很多家长觉得，孩子承受的压力只是学习上的压力，其实不然。现在的孩子，通常要面对以下三个方面的压力。

第一，同辈压力。

青春期孩子，更在意同学之间的比较。无论是学习、特长还是交往，他们总会不自觉地比较，并且想要在比较中找到和确认自己的优势和价值。所以，我做咨询的时候发现，青春期孩子所谓的考试焦虑和社交焦虑，几乎都来自同辈压力。

第二，自我压力。

自我，就是自己给自己贴的一个标签。自尊，就是自己喜不喜欢这个标签。

如果你不喜欢自己身上的标签，就容易对自己不满，从而产生非常严重的内耗，并总是倾向于寻找证据来证明自己不行。

家长应该告诉孩子的是：自我，是一个不稳定的东西，它可以随着时间和环境而改变，可以越改越符合自己的要求。即使你目前对自己哪些地方不满意也没有关系，你可以给自己充足的时间，让自己变得越来越好。

只有当你对自己越来越满意的时候，你给自己的压力才会小一点。这样，你可以把更多的精力和能力用来对付外面的世界。

第三，父辈压力。

很多家长有“望子成龙、望女成凤”的心态，他们对孩子的要求总会不断提高。例如，家长不满足于孩子考班级第一名，要求考年级第一名。这些期望和要求会让孩子感觉无法在感兴趣的领域和能力范围内发展自己，而是必须去迎合家长的期望。这样的压力，会让孩子感到压抑和焦虑。

上述压力对孩子们的身心健康都会产生负面影响，有可能使他们出现焦虑、抑郁等问题。

缓解孩子压力的三个方法

孩子的压力太大的话，会对其身心造成许多危害，甚至会发展成病症。比如，焦虑症、抑郁症、强迫症、注意力涣散等。

那么，家长应该如何去缓解孩子的压力呢？有以下三个小方法值得大家去试试。

第一，以终为始的视角。

孩子的压力，很多时候来自比较。如果孩子能把比较的范围扩大，把时间维度拉长，他就会发现，眼下短期的得失并不那么重要。

家长可以告诉孩子，不要过度关注周考或月考的成绩，而应该把目光投向更远的地方，如中考或者高考。

只要时间维度更长、家长心态更好，孩子就有更大的空间来恢复活力，更有机会迎头赶上，让自己越来越优秀。

第二，用好“三个十”法则。

所谓“三个十”法则，是以十天、十个月和十年为单位来看待事情。

孩子有压力的时候，家长不妨问一下他：“你现在感受到的压力，十天后你会怎么看？如果你站在十个月后来看这件事情，你会有什么新的感受和思考？十年之后，你已经是一个成年人了，再回想现在的焦虑和紧张，你会怎么看？”

换个时空视角，我们可能多一些松弛。

第三，带孩子去体验他未来想过的生活中的各个角色。

对未知的恐惧，往往会给孩子带来很大的压力，家长可以化未知为已知。具体的办法是，站在未来看现在。比如，家长可以帮助孩子提前了解未来的职业和生活方式。

无论孩子未来想从事什么职业，家长都可以带他们提前去体验。比如，家长可以找到这些职业的从业者，采访他们，让孩子了解他们的经历和成长路径。在采访过程中，你可能会发现，即使有些从业者并没有上过大学，也依然取得了成功。这可以帮助孩子认识到，终点可以相同，但路径可以不同，上大学并不是唯一的成功之路。

在孩子考虑是否要上大学时，你可以鼓励他去上大学，但也要让他知道，即使上不了大学，他依然可以通过自己的努力变成自己想成为的人。

作为一名生涯规划老师，我对升学路径有特别清晰的了解。我认为，孩子学习实际上是为了提升自己在未来社会中生存下去的某种能力，这才是学习的意义和价值。学习成绩只是这种能力的一种表现方式，而非唯一方式。例如，想成为一名作家，并不一定必须读完博士，拥有大量阅读经验和写作能力，同样可以写出好书。

条条大路通罗马。孩子升学压力大，你可以找到自己的优势赛道，而非仅仅拼分数。找到优势赛道，就是同时满足既做自己擅长的事情，又做自己有成就感的事情的一种选择。

冯老师小课堂 用好学校的心理咨询服务

身为家长需要思考的是，究竟是孩子自己觉得压力大，还是家长认为孩子有很大的压力。有时候，可能是家长把孩子的压力夸大了。如果孩子确实感到很有压力、需要帮助，家长就要采取行动。如果孩子并不觉得有太大的压力，这就不是一个问题，家长也就不必多虑。

孩子有很大压力的时候，家长是他们最好的倾诉对象。当家长无法承担这个角色时，也可以让孩子自我“曝光”，多与朋友分享自己的压力和焦虑。

大家互相倾诉自己的情绪，是群体能提供的最大的减压作用。共情能够让孩子感到同病相怜，然后抱团取暖，减轻内心的紧张和焦虑。

当然，分享也需要一定的技巧。家长可以主动向孩子讲述自己的经历，并引导孩子分享他们的困惑。这样可以帮助孩子学会倾听和表达，从而更好地处理内心的压力和情绪。

除了家长的引导和孩子的同辈交流，充分利用心理咨询师也很重要。现在，基本上每所中学都配备了心理咨询师，家长应该鼓励孩子与心理咨询师沟通。

我知道，很多人对心理咨询师还存在误解，特别是青春期的孩子，他们认为只有当自己有心理问题时，才需要找心理咨询师。

其实不然，与心理咨询师进行沟通，可以是在任何你情绪不好，或者需要找一个听得懂你的话并能够理解你的人的时候。

所以，当家长真的无法解决孩子的心理问题，也不知道该如何教育孩子时，应该充分利用学校的心理咨询服务，帮助孩子更好地应对生活中的各种挑战。

与考试焦虑化敌为友

随着教育竞争的加剧，家长和学校对孩子的要求越来越高；同时，孩子的认知和情绪控制能力尚未完全发育好，于是教育焦虑叠加孩子尚未发育完全的情绪控制能力，就演变成为考试焦虑。

考试焦虑的三个原因

一般来说，孩子考试焦虑的主要原因有三个。

第一个原因，高估了考不好的后果。

孩子有考试焦虑，很重要的一个原因是他担心考不好会失去某些东西，他无法承受这样的后果。例如，一个孩子一直是很优秀的学生，如果考试成绩不好，他可能会认为自己之前的优秀都是虚假的，担心失去老师和同学的关注与认可。

在很多孩子眼中，好成绩是引起老师和同学关注的有力武器。一旦成绩下滑，别人的关注和认可减少，他们就会非常焦虑。这种焦虑不断扩散，就会演变成对考试的焦虑。

第二个原因，高估了自己的真实水平。

许多孩子会高估自己，于是把目标定得远高于自己的能力，导致压力巨大。例如，有的孩子即使只有 580 分的水平，他也认为自己有 640 分的水平。如果只考了 580 分或 590 分，他就觉得自己没考好。他们总是以高于自己真实水平的标准去要求自己，长期达不到目标的话，难免感到焦虑和痛苦。

第三个原因，误解了考试的本质。

考试的本质是什么？它是帮助孩子发现问题和漏洞的手段。如果孩子把考试定位为发现漏洞的手段，他非但不会焦虑，还会为发现自己的不足而庆幸。因为考试能令他有所收获，持续进步。但是，如果孩子把考试当成对自己能力和价值的绝对、终极判断，那么他的压力自然就会很大。

什么样的孩子对考试的焦虑比较少

孩子进入高中阶段，会有高考的压力，完全不焦虑是不太可能的。那么，相对而言，什么样的孩子会有比较少的考试焦虑呢？

第一，能够客观判断并接受自己真实水平的孩子。

在这一点上，大约一半的孩子可以做到。通常这些孩子的成绩处于中等或中等偏上。他们了解自己的真实水平，所以，既不会因为一次失误就妄自菲薄，也不会因为一次超常发挥而妄自尊大。因此，他们通常不会过于焦虑。

第二，得到家长和老师友好关注的孩子。

家长和老师的关注，对孩子来说是把双刃剑。友好的关注，是关注孩子的成长，而非盯着他的成绩。这样的关注不会给孩子制造压力。如果家长和老师过度关注孩子的成绩，那么孩子就很容易陷入考试焦虑。

第三，能清晰地认识考试本质的孩子。

这样的孩子，知道考试可以帮助自己发现问题并及时对知识进行补充，也知道在中考或高考前，他还有时间可以慢慢提高。因此，他们不会给自己太大的成绩压力，也不会要求自己在短时间内突飞猛进。他们抱有这样积极的心态，就可以把考试焦虑控制在合适的程度。

总之，如果家长能够引导孩子向内探求，让孩子看清自己是什么样的人，想明白要成为什么样的人，孩子就不会因为外界的影响而焦虑。

别让孩子为自己的焦虑买单

在过去的 5 年中，我每年都全天候陪伴高三的学生参加高考。因此，我能近距离地看到一些孩子的真实反应。

孩子的考试焦虑，比较常见的反应有以下几种。

1. 躯体化反应。

躯体化反应指的是身体上出现某些特征。比如，出汗、发烧、头晕、肚子疼，但检查不出任何病症。

2. 情绪化反应。

情绪化反应指的是情绪上的一些变化。比如，离高考只有一个月了，孩子上课无法集中精神，不能静下心来学习，感到非常惶恐。

3. 逃避考试。

逃避考试指的是孩子不愿意参加考试，想方设法逃避。比如，有些孩子动不动就和老师说想回家，想在家休息一个星期，这是一种逃避的方式。在我的咨询中，这种情况比较常见。

当孩子出现考试焦虑时，家长应该如何帮助他应对呢？我总结了以下三个方法。

第一，帮孩子寻找一位可信赖的老师。

如果孩子自己无法缓解焦虑，家长应该帮他们寻找一位值得信赖的老师，这位老师可以是班主任也可以是任课老师。如果孩子找到了这样的一位老师，就给自己及时消化情绪找到了一个可以依靠的人。

第二，帮孩子寻求心理老师的帮助。

除了可信赖的老师，家长还可以帮孩子找到有能力处理这个问题的心理老师，他们会给孩子提供很多专业性的建议。这位老师最好是孩子熟悉的心理老师。一般来说，高三的老师都有处理考试焦虑的经验。

第三，减少来自家长自身的焦虑。

当孩子告诉你，他在考试中感到焦虑和害怕时，你可以跟他聊聊，了解他为什么害怕，他担心什么结果，或者害怕失去什么。当家长有开放的心态时，孩子就会愿意主动倾诉，他们的焦虑也可以得到一定的缓解。同时让孩子知道，他只需要为自己的学习负责，不必把家长或者家庭的目标扛在身上。

总之，让孩子学会如何利用资源解决问题，是缓解焦虑最有用的方式之一。

冯老师小课堂

家长要学会成全孩子

很多时候，孩子知道用什么方法可以缓解焦虑，因此，家长和老师只需要成全他即可。

我的一个学生，当他感到考试压力大、情绪低落或身体出现不适时，会主动向老师表达自己的想法。如果他请求回寝室休息一下，宽容的老师就会答应他的要求。他会通过在寝室里睡一觉，来缓解自己的焦虑。

但在许多情况下，家长和老师都不会这样做。老师可能会问：“你为什么不能遵守班级纪律？为什么要在上课时间去休息？这会破坏班级规则，其他人跟着效仿，怎么办？”

没有老师和家长的理解与成全，孩子会遭受更多的痛苦。这里有两条经验分享给家长，对孩子缓解考试焦虑有好处。

第一，要不要陪考，让孩子说了算。

在考试前，孩子可能会感到紧张和焦虑，有时家长的陪伴可以给予他们安慰和鼓励，帮他们放松心态、减轻压力。

要不要陪考，关键是尊重孩子的意愿。如果孩子希望你陪同，而你却不去，这会增加孩子的焦虑；如果孩子不希望你去，而你却强行陪伴，同样会增加孩子的焦虑。

千万不要对孩子说：“你一定要考好，你是我们全家的希望，你考不好我们家就完了。”只要家长不说这种话，孩子就不会产生巨大的负担和焦虑。

第二，家长要把心思放到自己的工作和生活上，不要眼中只有孩子，没有自己。

如果一个家长总把时间和精力都放在孩子身上，就很容易把孩子的成绩和情绪的风吹草动解读为危险或者困境的信号，进而会瞎指挥和乱作为。这通常会让孩子觉得不舒服，也让他们感觉自己没有自主权。研究表明，没有自主权的孩子，更容易焦虑。

所以，家长应懂得和孩子有边界地相处。一方面，家长有自己的事情，另一方面，孩子的事情也应当让他自己做主和承担责任。这样的话，至少家长的焦虑不会转移到孩子身上，可能还有多余的精力和空间来处理孩子的焦虑。

孩子不厌学的秘诀

有的孩子会表现出厌学的情绪，典型表现是，不愿意完成作业、不愿意上课、不想去学校，一提到和学习相关的话题就表现出烦躁、厌恶的情绪。孩子出现这种情绪，会让家长非常紧张和焦虑，唯恐孩子就此讨厌学习，最终一事无成。

厌学的原因之一，是人际关系出现了问题

孩子对学习感到厌倦，很可能是因为他与老师、同学、家长等人的关系出了问题。如果人际关系不好，孩子就没有精力来关心他的学习。家长需要从人际关系入手，来解决这个问题，而不只是关注学习本身。

第一，孩子跟老师的关系不好。

如果孩子讨厌数学老师，他就不会有兴趣听数学课，也不会有心思去学习数学，因此他的数学成绩可能会很差。这种情况在小学和初中比较常见，到了高中则稍有改善。因为高中生已经具备了理性思维

能力，知道自己学习的目的是什么。

第二，孩子跟同学关系不好。

如果孩子跟同学的关系非常糟糕，他就常常会担心同学伤害他，同学不友好的眼神也会让他感到很不舒服。这会让他的注意力分散，导致他无法集中精力听课，从而影响成绩。而同学关系不好、学习成绩下降，会让老师和校方频繁地联系家长，孩子也更不愿意去学校。于是就出现了孩子厌学的现象。

第三，亲子关系不好。

如果亲子关系不好，孩子可能会把精力更多地用在弥合亲子关系上，对学习很难再全神贯注。他们甚至会故意给家长添麻烦，破坏家长在意的事情，以此来反抗家长。这样的情况，会导致孩子失去学习兴趣，成绩也会受到影响。

第四，夫妻关系不好。

在孩子的初中、高中阶段，家长往往处于中年，很容易发生中年危机。比如，家长的事业不顺利或者突然失业导致家庭的经济来源出现问题，或者夫妻间出现婚姻危机，等等。

一旦夫妻关系出现问题，孩子出于想要调和父母关系的心理，可能会把自己变成“问题”，这是他们最常用的办法之一——通过团结父母来解决问题。比如，孩子突然跟父母讲他不想上学了。

所以，夫妻关系不好，会对孩子产生负面影响。

对孩子厌学这个问题，了解问题的本质是解决问题的关键。家长需要找到问题的症结所在，看看哪方面的人际关系出了问题。

划分阶梯，化解厌学情绪

如果人际关系的问题解决好了，家长就可以尝试拆解学习目标。孩子的学习成绩如果一直处于中等偏下甚至是最后几名，那么他在学习上已经处于坡道的最下方了。长期在这种环境下学习，孩子即使有努力学习的心，也没有好好学习的力。此时，家长需要给孩子提供一根绳索，帮助他爬上去。比如，家长可以跟老师沟通，将学习目标结构化地分成一级和二级，逐级推进。开始的阶段，孩子只需要先完成基础作业，达到基础目标，然后再一步一步升级。

在这个过程中，家长需要和老师保持同步。孩子的作业完成率，需要得到老师的认同。比如，如果每天的作业真的很多，孩子无法全部完成，虽然他只完成了 50% 的作业，只得了五十几分，但是相比之前只得二十几分的情况，也已经是一种进步了，那么，家长和老师也应该给予孩子认可和接纳。

总之，家长和老师应该协同起来一起帮助孩子，让孩子知道家长和老师是真心包容他、不断给他机会、期待他的进步的，这样真诚的举动，就可以化解他的厌学情绪。

冯老师小课堂 分析每个选择的利与弊

我有一个学生，初中时成绩优异，毫无悬念地考上了当地的一中。可是，他最终选择了去一所民办学校就读。

但是，一段时间后，他并没有适应那里的生活。他的成绩出现波动，家长和老师不断找他谈话，这给他带来了更大的压力。他干脆停学在家，两三个星期之后，他更不想去学校了。

后来，他找我咨询。我问他，当初是他自己选择去民办学校的，还是被父母逼着去的？他告诉我，父母给他提供了这个选项，并用金钱诱惑他，说在这个学校学习可以多给他200元生活费，而且民办学校有奖学金。

后来，他发现自己适应不了，就想转到一中读书。可是，一中是公立学校，转学不易。要转学的话，他要退还民办学校的奖学金。家长不想退钱，他只能被迫留下来。

他把情绪都发泄在父母身上，责怪他们只看重钱。他觉得自己被骗来了这个学校，于是决定不去上学了。

我想了一个办法，帮他重新适应学校生活。我对家长说："当时能上一中的11个学生中，有9个去了一中，还有1个学生跟你们的孩子在同一所学校。你们可以试着把孩子转到那个学生所在的重点班。他们过去和现在关系都还不错。如果这样，你们的孩子就有机会在新的环境中重新开始。"

最终，这个建议被家长接受了，他顺利地转到了另一个重点班。

在这个故事里，我使用的办法就是改善孩子的同学关系，让孩子在友好的关系中找到归属感，从而改善学习体验。

生涯发展规划，让孩子拥有更多选择

在这个时代，生涯规划是一个伪命题。在学术界，我们也不再使用“生涯规划”这个词汇，而提倡使用“生涯发展”这个概念。生涯规划是一个静态的概念，而生涯发展则是动态的概念。

在生涯发展的动态概念中，孩子在小学时期，主要是发现兴趣和特长；中学时期，主要是体验职业和发现热爱。

提早准备，成才之路是规划出来的

我一直认为，在准备孩子的职业发展时，越早越好。在孩子小学四年级时，家长就应该开始了解生涯发展和升学路径，包括有哪些选项和需要做哪些准备。家长需要了解升学的路径和需要培养的素养，以及在什么时候开始培养，找到适合的老师和渠道，提前做好准备。

高中生的升学路径约有 20 种：普通高考、艺术类专业招生、高水平艺术团、高水平运动队、高职单招、三大专项计划、保送生、强基计划、综合评价录取、农村特招、军校特招、航海专业特招、三项招飞（空军、海军、民航）、公费师范生、免费医学生、港澳高校招生、民族班和民族预科班、定向招生等。

家长需要了解升学路径的种类、素养培养的时间和方法、相关老师和资源的获取等。家长及早了解这些信息，能够为孩子的生涯发展和升学之路做好规划。

分数是一切发展路径的基础

生涯发展的每条路径，都有特定的要求和标准，这些信息可以在网上查找。同时，家长有必要了解为孩子规划生涯发展的几个基本原则。

第一，了解每一条路径的要求和标准，以便选择适合自己孩子的路径。

不同的路径，对孩子的要求是不同的。家长要考虑，自己的孩子是否适合想选的路径。

举个例子，如果考虑招飞空军这条路径，家长需要了解填写志愿的具体要求；要知道这条路径会进行军检和政审，家庭成员不能有违法行为；身体方面的要求是，身上不能有任何疤痕。

第二，以动态的眼光看待孩子的生涯发展，不要过早地限定孩子的选择。

生涯发展是动态的，要随着孩子的变化及时作出调整。一个固定不变的目标，会对孩子的发展造成阻碍。

举个例子，如果在孩子小学四年级时就确定他要读军校，这可能会过于草率。在这个年龄，孩子还不知道自己的特长，也不明确自己的兴趣，家长不能把他们的未来轻易地限制住。

第三，先发现孩子的兴趣，然后从中找出一两个特长，深度发展并逐步培养。

对孩子特长的培养，应该和学习齐头并进，不能相互冲突。到了初中，家长需要考虑是否让孩子成为特长生。比如，现在很多家庭有条件让孩子打高尔夫球，孩子可以通过考取国家一级或二级运动员证书，从而获得竞争优势。

家长需要在孩子的成长过程中不断地探索、发现和培养他们的特长和兴趣，以便让他们在未来的生涯中有更多的选择和发展机会。

第四，可以与孩子一起做职业访谈和大学生访谈，带着孩子去体验不同的生活和角色。

让孩子了解他们想象中的职业与现实中的职业生存状态是否有落差、让孩子感受到不同的生活方式和角色，可以帮助孩子对自己的职业生涯有更多的认知。

假如你的孩子是一个初中生，可以找一个大学生做他的导师，让他提前了解大学生活。当然，也可以让他去不同的大学体验生活，感受不同大学之间的差异。在这个过程中，孩子便能够思考想要去什么样的大学。通过这样的对比，孩子会有更清晰的认知和决策能力。

第五，父母需要不断地带孩子见识不同的事物，拓宽他们的视野。

如果孩子一直找不到自己真正感兴趣的事物，那么，家长可以带孩子去体验不同的兴趣班，让孩子去试一试。还可以通过游学、研学、旅游等方式，让孩子去国外生活一段时间，与不同的人接触，增长他的见识。这种拓宽孩子视野的方法对于培养孩子的目标感非常重要。

举个例子，如果你想让孩子学习高尔夫球，那普通教练可能无法满足你的需求。因为想要打出高水平的球技，需要长时间的练习和专业指导。为此，家长需要评估一下学习路径的成本，以及在哪里找教练最合适。

就算孩子能成为国家级运动员获得分数优势，他也需要提前准备很多年并且需要花费大量的时间来训练。这些都是家长需要考虑的问题。

此外，需要提醒的是，所有的升学规划，都需要一定的分数作为前提条件。

冯老师小课堂 做喜欢且擅长的事

有的家长说，自己的孩子很听话，但缺乏目标感，是不是应该帮他设定目标？

我想告诉家长的是，与其给孩子一个目标，不如与孩子一起实现他的目标，因为这是他的人生。

生涯发展的核心价值，在于将孩子的兴趣、特长和未来职业联系起来，以提升他们的职业和生活幸福指数。最终目标是让孩子每天都能做自己喜欢且擅长的事情。

它的底层逻辑是以终为始，找到孩子内在的学习动力，将兴趣、特长和职业打通。因此，职业规划的关键是找到孩子的内在学习动力，以此来推动他们的未来发展。

孩子在初、高中阶段，可以通过职业访谈和实习打工等方式进行职业体验。这样可以让孩子更深入地了解所从事职业的日常工作和要求，从而更好地选择未来的职业方向。

比如，如果孩子对公务员感兴趣，家长可以为他找几位公务员，帮助孩子了解他们的工作、生活，包括朝九晚五的日常工作、处理上级领导布置的任务等。了解公务员的工作内容后，可以再看看想要报考的公务员岗位需要哪些条件，需要具备哪些专业背景和学历，以及哪些专业是不适合孩子所选的公务员岗位的。

职业访谈和体验可以为孩子探索职业提供更多的参考和启示。在职业生涯发展方面，帮助孩子找到目标感，激发他们对学习的热情，可以让孩子更加热爱学习。

总之，作为家长，你要经常问孩子未来想过什么样的生活，然后再问孩子如何去实现，而不是否定孩子的选择。

孩子的习惯，对未来的成长具有重要的影响。良好的习惯，可以帮助孩子更好地适应环境；不良的习惯，则会阻碍孩子的成长，甚至对其健康和生命造成威胁。

第六章

简单沟通让孩子未来不简单

管理时间是孩子自己的事

关于时间管理，亲子间的冲突总是很多。比如，孩子习惯了家长安排时间，当有一天需要孩子自己安排时间的时候，如果孩子做得很糟糕，孩子就可能责怪家长，或者责怪自己。此时，家长会觉得很委屈，或者很愤怒：之前要你自己做，你却推卸责任；现在你得自己做，却做不好。孩子也会觉得自己很委屈，责怪父母平时没有给他机会和自由让他自己安排时间。于是，亲子冲突就此产生。

磨蹭的孩子，也有时间管理意识

青春期的孩子拖拉磨蹭，主要的原因有以下四个。

第一，对孩子来说，他正在磨蹭的事不重要。

孩子对磨蹭的感受和看法，与家长是不同的。家长觉得很紧急的事，孩子也许并不那么认为。例如，家长催促孩子立刻洗澡，但孩子觉得等下再洗也无所谓。

第二，家长固执地按照自己的逻辑做时间规划。

家长觉得孩子磨蹭，有可能是家长的时间规划方式出了问题。例如，家长想让孩子先做作业再玩，孩子却想先玩再做作业。孩子不做作业，家长就觉得孩子磨蹭。可是，换个角度想，为什么一定要按照家长的逻辑来做呢？为什么不能先玩再做作业呢？不管哪件事先做、哪件事后做，要做的事情并没有变，调换一下顺序有什么不行呢？只有选择孩子愿意接受的方式，才能更好地与孩子沟通和协调。当然，如果先玩影响了后做作业，那就要跟孩子好好讨论这个问题了。

第三，家长想管理的是自己的时间，而非孩子的。

家长有时候想要孩子按照自己的时间安排来做事，主要是家长想让自己的时间安排可控。但是在具体操作的时候，家长并没有告诉孩子事实。家长向孩子表达的是，我给你安排好了时间，这是对你最优的安排，你为什么不听？

当孩子不听从的时候，家长就焦虑了。因为家长不能按照原来计划的时间推进自己的事务。比如，事先安排好的娱乐、事先安排好的工作，等等。

其实，家长可以让孩子知道自己已有的安排，告诉孩子如果他不能按照这个时间来做事，就会耽误家长的事务，影响家长的心情。事实证明，这种诚实的表达可能更有说服力。

例如，家长可以跟孩子说：“妈妈半小时后要参加一个特别重要的会议，没有时间照顾你，所以希望你快点洗完澡。然后，你可以做你的事情，我也可以做我的事情。”这样一来，问题就解决了，你和孩子都得到了满意的结果。

第四，家长的沟通方式与孩子无法产生共鸣。

看到孩子磨蹭，很多家长内心会很焦虑，以至于影响他们和孩子的沟通方式。举个例子，孩子没有按照家长的要求，先完成作业再去玩，家长可以这样跟孩子沟通：“你如果不完成今天的作业，明天就会被老师批评。我担心你玩的时间太长，没有时间写作业。如果你写完作业再去玩，我就不会担心你会被老师批评了。如果你有更好的方式，我也愿意听一听，一起讨论一下？”

孩子了解了自己没按时间完成作业，会影响自己、影响老师和家长，他可能就会更自觉地完成作业。

孩子拖拉磨蹭，有自己的原因，也有家长的原因，但大部分是家长的原因。

帮孩子建立时间观念的五个方法

家长很有必要帮助孩子建立起时间观念。我为大家总结了以下五点。

第一，以更小的时间颗粒度（一个人管理时间的基本单位）给孩子规划任务。

有些家长给孩子规划时间时，通常以半天为单位。比如，家长告诉孩子，今天上午要完成数学作业，下午要专注英语学习。看起来是给孩子规划了时间，但是划分的颗粒度太大，孩子很难学会精细地管理时间。

孩子的时间管理经验还不够丰富，自己管理不好时间，所以家长需要帮他们把时间划分得更细致。

比如，家长可以这样给孩子安排时间：上午8:00—10:00学习语文，10:00—10:30休息，10:30—12:30学习数学。这样，孩子就能知道在具体的时间段里该做什么，学习效率也会更高。当然，如果孩子觉得学习两小时太累了，也可以把两小时的学习时间再进行分割安排。

第二，从小学开始锻炼孩子主动规划时间的能力。

很多家长眼中的时间规划，就是帮孩子安排好一切。例如，告诉孩子什么时候起床、什么时候出门，甚至是提醒孩子在什么时间做作业。

孩子的时间安排看似很好，实际上是被家长分配的。这种情况下，看似在帮孩子管理时间，实际会让孩子变得依赖家长。他们知道家长会为自己代劳，就不会主动思考如何规划时间。自己也就丧失了锻炼时间规划能力的机会。

从四年级开始，孩子就应该学习自己规划时间，即使他的规划有很多缺陷和漏洞，甚至会带来严重的后果，也应该尝试去做。而且孩子要承担不合理规划带来的后果。这样，他才能在反思中意识到如何让规划更合理，如何修复漏洞，从而不断提高自己的时间规划能力。

第三，多提供几个时间规划方案让孩子选择。

很多时候，家长只给孩子一个时间规划方案，让孩子选无可选。如果孩子不喜欢这个方案，他就会很难接受。即便接受了，执行起来也会很难。

与其如此，家长不如多给孩子几个方案，让他选择自己最喜欢的那一个。比如，一个闹钟不够用，就多定几个闹钟，或者给孩子下载一个时间管理的 App（应用软件），又或者在他的桌子上放一个小便条……

第四，家长主动退场，给孩子学习的机会。

很多家长会过度保护孩子，觉得只要孩子离开家长就管理不好时间。其实，孩子身边有各种各样的资源可以用来学习规划时间。比如，经验丰富的老师或同学，可以教孩子如何作规划，孩子也可以借鉴其他同学的经验。

孩子之所以没能充分利用自己的资源，主要是因为家长帮他们做了太多事情，剥夺了他们学习的机会。如果家长能主动退场，孩子就会关注自己的资源，并开始利用它们。

如果家长已经尽力给了孩子机会，但是孩子自己没做好，那他们就必须承担相应的责任。

第五，不断调整和升级规划方法。

任何一种时间管理方式，都需要不断升级。而且，5.0 版本一定比 1.0 版本更好。家长可以邀请学科老师或班主任到家中，以平等、友好的方式在饭桌上分享学习方法，让孩子记录下来并按照这些方法实践。

同时，家长要提醒孩子，升级的过程是循序渐进的，不要妄求一蹴而就，更不要因为 1.0 版本不够好，就否定作规划的必要性。

时间观念的建立是一个逐渐培养的过程，需要家长的持续关注和引导。通过以上方法，可以帮助孩子一步步理解和重视时间，并养成良好的时间管理习惯。家长应该逐步让孩子自己承担时间管理的责任，让他们成为时间的主人。

冯老师小课堂

把时间规划落实到纸上

家长想让孩子更直观地了解自己的时间安排，有一个很好的方法是将时间规划落实到纸上。

我在给学生做咨询的过程中，发现很多高中生的时间规划经验比我更老到。有些高中生，他们的时间颗粒度是5分钟。无论休息，还是上厕所，都是5分钟。他们对这个颗粒度非常敏感，虽然有点困难，但通过不断实践，他们已经做到了这一点。

当然，不同年级的孩子，时间规划能力也有所不同。相对来说，大部分高一和高二学生的时间规划能力差一些，而高三的学生通常不存在这个问题。他们已经具备完全掌控时间的能力，特别是寄宿学生，有很强的生活自理能力，不需要他人帮忙就能规划好时间。

那么，他们进行时间规划的差异体现在哪里呢？

不会作时间规划的孩子，只是在脑海中规划时间，而没有将时间规划落实到纸上，也没有通过打卡来完成任务。他们要做的，应该是将时间表粘贴在醒目的位置，如书桌上，并按照时间表进行打卡，完成任务后进行勾选。

另外，有些孩子在脑海中制订计划后，很容易默默作出改变，且没有自我惩罚措施和内疚感。如果他将计划写下来并量化，在公开场所告诉朋友和老师，或者在朋友圈中发出来，他就会感到被约束和压力。通过集体约束力对自己进行反向约束，是一种有效的时间管理方式。

真正有效的时间管理方式，是孩子在失败中逐步摸索出来的，而不是家长教会的。

不沉迷手机，把精力用在有价值的事上

信息时代，手机已经成为人们的必备品。家长想让孩子彻底远离手机，是不切实际的。而且，随着孩子的成长，手机会越来越成为必不可少的工具。既然如此，家长不妨支持孩子，在保持合理和有节制的前提下使用手机。

玩手机上瘾，对孩子有什么危害

2021 年，中华人民共和国教育部先后印发了五个专门的通知，对加强中小学生作业、睡眠、手机、读物和体质管理五个方面分别作出了规定。其中，关于手机管理方面，特别强调要加强柔性管理，把“有限带入校园、禁止带入课堂”的要求落实好。这个规定在一定程度上会让孩子远离手机，对避免孩子手机上瘾有所帮助。

我总结了一下，孩子沉迷手机，主要有以下四个危害。

第一，影响学习。

孩子玩手机的时间越长，在学习上投入的时间就越少；而且沉迷于手机会让孩子的注意力和精力分散，导致他们的学习效率和成绩受到影响。比如，孩子玩游戏有一关没过，或是游戏升级速度赶不上朋友，他就会一直惦记着，无法专注于学习。尤其是网络游戏，会更加影响孩子的学习。

第二，影响关系。

孩子的休息时间是有限的，如果大部分时间都用在玩手机上的话，就没有时间做其他的事情。比如，孩子与家人在一起时，如果 80% 的时间用在玩手机上，那就只有 20% 的时间和家人交流。长此以往，亲子关系就会受到影响。

第三，影响社交。

当孩子沉迷于手机时，他想都是手机里的游戏、小说等。如果沉迷在虚拟的世界里，他就不愿意出去社交。这会导致他的社交能力变差，从而更加迷恋手机，形成一个恶性循环。

第四，影响健康。

当孩子被手机吸引时，玩的时间就可能无限延长，从半小时到一小时，甚至更长时间，以至于降低睡眠质量，进而影响健康。尤其对于高三的学生来说，他们可能需要在早晨 6 点或更早起床，如果晚上把时间都花在手机上，就会导致睡眠不足，对他们的身体和学习都会产生负面影响。

为了预防和避免孩子玩手机上瘾，家长应该限制孩子使用手机的时间，并鼓励他们参与其他有益的活动。孩子的时间有限，做了其他事情，也就没时间去玩手机了。

沉迷手机的三个原因

很多家长对孩子沉迷手机感到头疼，认为这不仅会影响孩子的身心健康，还会影响他们的学习和社交能力。我总结了孩子沉迷手机的三个原因。

第一，玩手机是一种成本很低的娱乐方式。

相较于购买球星卡、出游等娱乐方式，玩手机并不需要花费太多钱。对于资金有限的孩子来说，玩手机是廉价且很容易实现的娱乐方式，所以它很容易成为孩子们的娱乐首选。

第二，玩手机是孩子们的社交方式。

如果他们不玩手机，就很难和其他人交流、讨论。比如，大家都在玩手机游戏，如果他们不玩，可能会被认为是“傻瓜”。因此，玩手机成为孩子社交的重要一环。

第三，玩手机成为高中生唯一的放松方式。

高中生的放松时间非常有限，每次可能只有几分钟。比如，课间休息只有 10 分钟，这么短的时间，做不了什么事情，孩子想去跑跑步都没有机会。于是，玩手机成为一种很普遍的放松方式。

总之，手机里的视觉内容很容易让人上瘾，如果家长不能及时发现孩子沉迷手机的问题并采取措施，那么，孩子就会越来越难以摆脱手机的束缚。

签订协议，用合同约束行为

北京师范大学的几位心理学老师，共同开发了一个课程，通过签约的方式来管理孩子的手机和其他电子设备的使用时间。具体来说，家长可以和孩子签订一份协议，明确规定孩子可以使用手机和其他电子设备的时间和方式，以及每天最多可以使用的时长。如果孩子违反协议，就必须承担相应的责任。

在我的家庭教育课程中，也教授家长如何使用这种方法。经过一些家庭的使用和反馈，这种方法被证明非常实用，我自己在家里也会使用。

这种方法可以帮助孩子建立正确的手机使用习惯，避免过度沉迷手机。具体方法如下。

第一，针对青少年使用手机的情况，拟定一份协议。

这份协议应明确规定孩子何时可以使用手机、使用时间限制等。同时，也需要约定违反规定的惩罚措施。例如，超时使用手机的话，惩罚措施可以是减少下次使用的时间、终止使用或其他类似的惩罚。

第二，手机使用后，需要放在公共区域，以便家长监督。

孩子使用完手机后，需要把手机放到公共区域，这样有利于家长监督孩子。另外，在睡觉之前，手机也应该放在公共区域，以确保孩子遵守规定。所有细节都需要写在协议中，并由家长和孩子签字确认。

第三，家长还需要控制孩子看电视的时间。

让孩子少用手机的同时，也要让孩子少看电视。这同样需要拟定一份协议，规定每周可以看电视的次数和时间，而且兄弟姐妹需要协商决定看什么节目。如果协商不一致，就取消这次观看。这样做，可以让孩子学会合作，也可以控制孩子看电视的时间。

在实施各项规定时，家长需要严格执行，如果孩子不遵守规定，也需要接受相应的惩罚，以确保孩子的健康成长。这种方式符合行为主义的科学原理，可以让孩子遵守规定，同时也增强家长对孩子的约束力。

签署协议的前提是，家长自己说话是算数的。如果家长平常答应的事情从来做不到，那么孩子也不会相信你，就算签了协议也会失效。合同是约束双方的，所以不能只让孩子承担责任，而自己却不履行承诺。

此外，帮助孩子寻找其他的娱乐方式和休息方式也很重要，不要只局限于玩手机。例如，家长可以在周末安排亲子活动，带孩子去图书馆，邀请他的朋友到家里来玩，一起报兴趣班学习，或者一起去看电影，等等。

如果孩子已经对手机产生依赖，家长可以考虑引入家庭会议的机制。在会议上，家庭成员可以一起讨论这个问题，找出解决方法。这样可以让孩子明白家庭成员都关心他，同时可以让他参与到解决问题的过程中。

总之，如果孩子能够有节制地玩，那么这就不是问题。

冯老师小课堂 鼓励孩子合理使用手机

有一个高三学生，是班级里特别优秀的孩子，年级排 60 多名，有考上清华、北大的潜力。他每天晚自习后回家都接近 11 点了，但是他有一个习惯，就是每晚回家，都想玩 30 分钟手机再睡觉。这时，他的父母总是轮流提醒他，只能玩 15 分钟、还剩几分钟、玩手机伤眼睛、马上就要考试了要抓紧时间学习，这让他很受不了。于是，他一生气就玩了一小时，到 12 点才睡觉，导致他第二天没有精神。这种情况发生了很多次，他的学习也受到了影响。他的父母把爷爷奶奶也叫过来劝他，这更加剧了孩子的烦躁，导致他开始失眠、闹情绪，上课注意力也不能集中。

我接受他们的家庭咨询工作后，首先召开了一个家庭会议，询问全家人，平常最不能容忍孩子父亲做的事情是什么。大家一致认为是抽烟。于是，我让他父亲点起一根烟，同时让全家人轮流念叨他，念叨抽烟对身体的坏处、对家人的影响、对个人形象的影响，等等。在大家的念叨中，父亲感受到了烦躁和不舒服，就像他儿子玩手机被念叨一样。然后，我问他们最不能忍受爷爷做的事情是什么，大家一致认为是刷抖音。于是，我号召大家每当爷爷开始刷抖音时，就轮流念叨，每几分钟念叨一次，让爷爷也能够理解被念叨的感受。

我想通过这种方式，让家人们体验孩子玩手机被念叨的感受。我一直认为，只有亲身经历，才能真正理解别人的处境和感受。

后来，我让他们家签了一份协议，将他们的要求变成了一份正式的约定。在这份协议中，严格规定了孩子玩手机的时间和规则。例如，孩子玩手机的时候旁人不能念叨，每天只玩半小时，玩完手机要把手机放到客厅的固定位置，等等。同时，我鼓励家长给孩子树立一个正确使用手机的榜样。比如，跟孩子聊天的时候放下手机，在家看手机视频使用耳机，等等。

培养孩子阅读的习惯

阅读能力，是当今语文高考的核心素养，也是一个人终身学习的必备能力。所以，阅读习惯对提升孩子的阅读及学习能力非常重要。

孩子为什么不爱阅读

很多家长希望自己的孩子喜欢阅读，于是给孩子买了很多书，给孩子设计书房等，可是有的孩子依然不喜爱阅读。对于这种情况，我认为有以下四个原因。

第一，家长不阅读，家里没有阅读的氛围。

很多家庭缺乏学习的氛围，更多的是烟火社交氛围。比如，家里经常有各种大小聚会，亲人朋友们聚在一起吃喝玩乐、高谈阔论。在这样的环境中，孩子很难有心思、有时间去阅读。家长要尽可能为孩子创造一个适合阅读的环境，提供更多的阅读机会和资源。

第二，家长不重视孩子阅读习惯的培养。

阅读习惯的培养，不是从孩子会阅读开始的，而是从孩子很小时候的亲子共读开始的。可是，有些家长也许并没在意这一点，只是看到其他孩子喜欢阅读，就直接要求自己的孩子也要多阅读。如果阅读不能给孩子带来乐趣，孩子就可能把它当成一项任务，这样的话，就很难坚持阅读。

第三，家长给孩子买的书不适合孩子的兴趣和年龄。

在小学低龄段，孩子可能更喜欢看绘本、漫画等轻松有趣的书籍，但家长会觉得读这些书只是娱乐，并不是真正的阅读。于是，一方面阻止孩子读绘本，另一方面强迫孩子读纯文字类的书籍。这严重影响了孩子的阅读兴趣，而且这也不符合孩子的阅读需求。

其实，孩子的阅读兴趣和需求，是随着年龄发生变化的。他们小时候喜欢绘本，长大一点可能就喜欢纯文字的书籍，到那个时候，即使你再强迫他读绘本，他可能也没有兴趣读了。所以，家长要理解，每个年龄阶段有其阅读特点和风格，不能强迫孩子跳过这个阶段直接进入下一个阶段。家长要尊重孩子的发展特点，尊重孩子在每个阶段的阅读兴趣。

家长要多多观察和发现孩子的兴趣，给他们买感兴趣的书，这样他们就会变得越来越爱阅读。

第四，尊重孩子阅读方式的多样化。

有的孩子总是很难安静地坐下来读书，他更喜欢听书或者听故事，这是他更喜欢的信息吸收方式。如果你能尊重他喜欢的阅读方式，他就能够把阅读进行到底。如果你认为阅读一定要正襟危坐地捧起一本纸质书有板有眼地进行，而孩子觉得这种阅读方式对他不友好，那么他可能很快就会放弃阅读。

总之，只有找到适合孩子的阅读方式，他才会沉浸其中。

让孩子真正爱上阅读

一般来说，每个孩子都可以养成良好的阅读习惯。当然，在培养阅读习惯的过程中，每个孩子都会或多或少地遇到一些困难。此时，家长需要给予他们耐心的引导和帮助，让他们真正地爱上阅读。下面是我总结的两个方法。

第一，尊重孩子的阅读风格和阅读选择。

孩子压根儿不爱读书的情况其实很少见，更多的原因是家长并不了解孩子的喜好和兴趣。比如，家长认为“四大名著”是必须读的书，可是孩子对这种长篇的著作并不感兴趣。如果你强迫他一定要读，就可能会伤害孩子当下的阅读兴趣。所以，培养孩子的阅读习惯，要从孩子喜欢的书开始，而不是从家长认为有用的书开始。

另外，孩子喜欢共读，或者阅读以后很想和你分享，但是你却对此没有兴趣，认为阅读是一个人的事情，你不能理解孩子的阅读风格，不愿意在孩子身上花时间，这也会影响孩子的阅读体验。

第二，选择适合孩子的阅读环境和方式。

为了让孩子更好地阅读，家长可以为孩子营造安静、舒适的阅读环境，让他们有足够友好的阅读时间和空间。

不同的孩子，在阅读方面可能会有不同的特点，我们可以根据孩子的特点来让他们爱上阅读。比如，让孩子加入一个读书活动，他会很容易被带入读书的氛围中，还能结交新朋友，这样的方式很有趣。

如果孩子觉得阅读是一种任务，那么，所有的功利性条件和外部压力都会让这件事情变得无趣。如果孩子觉得阅读是一种娱乐和放松，我相信所有孩子都不会拒绝阅读。

当然，也有些孩子很难静下心来阅读，他们只能进行短时间的阅读，比如 5 分钟或者 10 分钟。这也是一种阅读，家长应该鼓励并强化这 5 分钟或 10 分钟的阅读效果。一旦他们从这段时间里有所收获，就会自动增加阅读的时间，并建立起阅读的习惯。

冯老师小课堂 读书使我的人生开始蜕变

阅读，可以对人的思维产生深远的影响，也让我的人生开始蜕变。

我的妻子说，有时候我在家，就好像没在家一样，因为我经常待在书房里读书。我热爱读书，大部分个人时间都花在了读书上。

我们家的藏书已经有上万册了，书籍遍布家里的各个角落，甚至在卫生间里也随处可见。我的两个女儿，每天都会读书。现在，我妻子也开始自己买书，并爱上了阅读。

在我们家，孩子晚上 9:30 之前必须完成洗漱，9:30—10:00 则是她们的阅读时间。如果她们能够提前完成上床睡觉之前应完成的其他事务，如刷牙、洗澡、做作业等，那她们的阅读时间就会增加。因为阅读时间已经变成了对她们的奖励，所以她们会高效地完成阅读之前的一切事情。在我们家，做作业、洗澡等事情是不用去催的。

但是，现在很多家长把阅读当作一种强制要求和必做任务，这会让孩子们把阅读视为一种惩罚。

我很热衷于给女儿买书，并会带着她们一起去挑选。即使她们选的是一些看起来很荒诞的书，但是只要她们感兴趣，我也会买给她们（只要不是非健康的书籍）。此外，我通常还会热情地邀请她们和我分享她们读过的书，她们也会非常兴奋地向我讲述。

有些孩子，小时候很热爱阅读，但随着年龄增长，看书的数量和时间却逐渐减少，我们应该如何引导他们在青春期之后仍然热爱阅读呢？

实际上，他们并不是不喜欢看书，只是因为时间比较紧张，特别是在初、高中升学的压力下，他们很难有太多的时间来读书。而且有些家长会限制孩子的阅读范围，规定他们只能看学科内的书，而不允许他们阅读其他书籍，这会让孩子们对阅读感到厌烦。

其实，阅读，是不需要家长过度引导的。因为阅读是一个人在好奇心的驱使下会自然去做的一件事情，只要你不去扼杀它就可以了。

正确理财，培养孩子的财商

现代社会中，很多孩子每天、每月、每年都能得到零花钱。这些钱，虽然是家长给孩子的，孩子拥有支配权。但是，如何更合理地支配这些钱，家长需要和孩子有所交流，指导孩子如何管理好自己的钱。

分清“零花钱”和自己的“财产”

孩子会有很多机会得到钱，零花钱、压岁钱、劳动报酬等。这些钱都是属于孩子的，但家长要教会孩子区分“零花钱”和自己的“财产”。

零花钱是指家长定期或不定期地给孩子的钱，这笔钱完全由孩子支配，是可以自由花费的钱；而自己的财产，则是指所有属于个人的财产，包括压岁钱和通过劳动及其他方式获得的钱。这样区分的目的是告诉孩子，不要把自己的财产都当成零花钱花掉了。

关于零花钱，最重要的一个原则是：不能只知道零花钱可以用来干什么，还要知道不能用来干什么（这一条主要是针对小学生的）。比如，不要把零花钱都用来买垃圾食品，也可以用来买文具和用于社交。

对于年龄稍大一点的孩子，只要孩子能守住底线，他就可以自由支配零花钱，家长不应该过多干预。

家长将孩子的钱完全交给他们自己管理之前，需要做几件事情。

第一，教孩子如何管理自己的钱，最基本的方法就是存钱。

家长需要告诉孩子，存钱时如何选择银行，并让他们知道定期存款的年利率是多少。对于青春期的孩子来说，家长需要教他们如何计算存款的利息，以及和他们一起记录各项支出和收入的情况。例如，增加的压岁钱、生日宴请的消费，等等。这样，他们才能更好地认识到自己财产的变化。这也是一种对孩子变相的提醒，要注意自己的支出，要计划自己的消费和投资，等等。这有利于孩子财商思维的形成。

第二，让孩子知道他们需要负责哪些方面的开支。

在把钱完全交给孩子的那一天，家长就应该告诉孩子双方的财务责任分工。比如，所有的零花钱、娱乐开支和生活开支都由孩子自己负责，而家长只负责学费和学习相关的支出，如学习班支出。这个分工可以让孩子真正形成财务管理思维和财产管理意识。

当孩子的钱慢慢变少时，他们就会感到焦虑。他们会根据每个月的消费情况，计算年底还有多少钱能用。有了这个体验后，他们就会思考如何挣钱。这时，家长可以教他们如何进行理财。在理财的过程中，记账是必要的。家长应该教孩子如何记录每一笔开支，包括花了多少钱、什么时候花的、做了什么等。这样，他们就能逐渐形成“自己的财产”这个概念了。

教孩子学会正确理财

记账可以帮助孩子更好地管理自己的财务，实现自己的财务规划，避免不必要的花费。我认为，记账最大的价值有两个：第一个，能让孩子真正体验到钱是如何一分一分地流失的这个过程。这种亲身体验会提高他们对钱的敏感度，使他们更加谨慎地花钱，不会出现挥霍浪费的情况。第二个，当孩子开始想着如何赚钱时，家长就可以提供一些选项和体验，来激发他们的创造力和思考力。渐渐地，孩子就会对钱的价值有所认知，知道用十元钱可以买一盒糖，用一百元钱能买十盒糖，或者买更多不同的东西。这时候，孩子对花钱的颗粒度就有了概念。

家长还可以帮孩子建立一个虚拟账户，让孩子在这个账户上买入基金或股票，观察价格的变化，以三个月或一个学期为单位进行观察。通过对这个虚拟账户的操作体验，他可以学习理财、基金和股票的知识。

经过一段时间的学习和观察，孩子就可以拿出一小部分钱，进行实际的交易。通过这个过程，他会对理财、基金和股票有更深入的了解。这也会帮助他自学一些金融知识，增强他的理财能力。

培养孩子的财商要趁早

有些父母认为，不应该让孩子过早地关注理财。这其实是一种错误的想法，不利于培养孩子合理用钱的能力。培养孩子的财商，有两种常见的方式。

第一种，利用体力劳动。

用体力换取报酬，是一种很常见的按劳取酬的方式。在家庭内部，最简单的按劳取酬，可以是让孩子为家长按摩一小时，家长付给孩子五元钱。此外，孩子还可以通过帮邻居干活、服务社区等方式获得报酬，这些方式都能让孩子真正地参与挣钱。

第二种，利用脑力劳动。

体力劳动之外，脑力劳动也是一种有价值的付出。例如，家长买了一件需要拼装的家具，却不想花时间去组装，家长可以和孩子协商，让孩子帮忙组装。如果孩子愿意，家长就可以支付给孩子 50 元作为报酬。这种做法，既可以锻炼孩子的动手能力，也可以节省家长的时间。

虽然，我也反对孩子把家庭中的一些日常事务，当作挣钱的常规手段。比如，整理房间多少钱、扫地多少钱、叠衣服多少钱，但是他们可以从中体验挣钱的逻辑，再对外进行扩展。重点是要让孩子知道，只有给别人创造价值才能够换来金钱的回报。当下，网上有很多兼职招聘，在孩子有时间和精力的情况下，家长可以支持孩子去体验一些工作。

孩子有了挣钱的实际体验之后，他就更加能够理解和支持理财的重要性，这时你就可以顺势推广你的理财观念。他可以将一年划分为两个时间段：寒假和暑假，然后记录下每个时间段的支出情况。记账之后，他就可以统计出自己一年的花费情况，进而清楚地了解自己在过去花了多少钱。

通过记账，孩子可以知道自己每年花费的金额，这个数字可以和他的真实体验相匹配。这样他就能够更好地了解挣钱为何不容易、金钱的购买力是什么概念、如何进行理财规划、为什么要学习理财知识，等等。

冯老师小课堂

不要透支钱给孩子

孩子在花钱的时候，应该将其分成几个类别，确定哪些由父母负责，哪些由自己负责。例如，学费应该由父母负责，这是他们的义务。至于其他的花费，就应该由孩子自己承担。如果孩子没有钱，可以考虑向父母贷款，但需要写借条。

孩子到 18 岁时，父母应该和他算一笔账。他向父母借的那些钱，如果能够还清，父母应该把属于自己的钱要回来。

当然，在孩子 18 岁之前，父母有义务让孩子接受教育，除了压岁钱和可支配收入，父母需要帮忙垫付其他费用。但在 18 岁之后，孩子的每一笔借贷都需要清楚记录，而且必须尽快还清。

我也按照这个原则来管理自己的财务，我给父母的钱分为生活费和额外的费用，并清楚地记录每一笔开销。即便我的亲弟弟向我借钱，我也会明确地告诉他利息是多少，以及我为什么要借钱给他，并询问他是否接受这些借钱的条件和原则。在这种情况下，我们不会因为钱的问题而闹矛盾。如果有任何争议，那么问题就在于最初的协议出现了问题，而不是钱本身。

对于孩子乱花钱的问题，我认为主要原因是孩子认为钱来得太容易了，孩子没有付出任何代价，就能得到比预期更多的钱。比如，当孩子需要 10 元钱时，很多家长通常就会问他是否够用，然后给他 20 元钱。这样一来，孩子根本无法感受到 10 元钱和 20 元钱之间的差别，也无法理解，得到更多的钱需要付出更大的代价。

在我们家，孩子在二年级之后才开始有 5 元的零花钱，而且孩子得到这些钱是有条件的。比如，每天要整理房间，回家之后先收纳好鞋子，没有用钱买辣条等垃圾食品，等等。有时候，孩子会剩下零花钱，我们就会记录下来，累积到下个月使用。这样可以帮助孩子更好地理解金钱的价值。

父母给孩子零花钱时，需要考虑颗粒度的大小和敏感度的强弱。如果一开始就给孩子很多零花钱，孩子对这个数额就不会有什么概念，这样就很容易让孩子养成乱花钱的习惯。如果父母给孩子的零花钱少，孩子对这些钱就会更加珍惜。他们会懂得如何控制消费，如何理性地花钱。在存下一些钱之后，他们也会更有成就感。

在给孩子零花钱的问题上，有些家长可能会因为自身童年缺钱的经历，而想通过给孩子大量的零花钱来弥补自己当年的遗憾。如果我们出于这种心理给孩子过多的零花钱，孩子就很容易失去控制，养成挥霍浪费的习惯。

我认为，在孩子小的时候就要让他养成记账的习惯，并且父母要经常与孩子分享自己挣钱的艰辛经历，让他们了解钱的来之不易。同时，父母也要讲究原则，有条件地定量给孩子零花钱。父母也可以经常跟孩子讲述自己成长过程中的辛酸故事，特别是在贫困时期，是如何走过来的。通过这些故事，孩子们可以更好地理解父母的付出和理解金钱的来之不易。

家长有必要让孩子在花钱中学会如何消费，让孩子知道消费是为了服务更高级的目标。

孩子的自控力，需要持续训练和培养

关于孩子的自控力，家长首先要有一个基础认识，那就是孩子大脑中主管自控力的大脑叶皮质没有完全发育成熟。也就是说，当他们自控力有限的时候，我们要理解他们是生理上没有准备好。所以，孩子说到做不到，是有理由的。你不能期待孩子有大人的自控能力。

指令清晰、奖惩分明，引导孩子去行动

我们针对初中生进行过一次调研，共有 4300 多名学生参与，其中许多家长提到了孩子自控力不足的问题。其实，孩子也许已经意识到自己存在这个问题了，只不过，即使我们告诉孩子该怎么做，他们可能也无法真正做到。除了生理的原因，可能还有这样两个具体的原因。

第一个原因，家长给的指令不够简洁、明确。

很多时候，当家长想要对孩子提出批评时，可能就会说：“你昨天答应我，先做作业再去玩，为什么今天先出去玩了？”接着又说：“你的房间也没整理，不是说每天都要整理的吗？”然后，继续问：“你不是答应今天去奶奶家吃饭的吗？为什么不去也不给她打电话？”最后，家长可能还会说：“你说过不在课堂上跟别人说话，可刚刚老师给我发信息，说你在课上跟别人说话了，这不对吧？”

家长一下子给孩子大量的信息、累赘的指令，孩子可能不知道家长到底要他做什么。如果家长的批评不够明确和简洁，让孩子无法行动，不知从何做起，很可能就只剩发脾气了。所以，家长需要确保自己的指令清晰、明确、简洁，一次就讨论一个问题。这样孩子才能听懂、理解并采取行动。

第二个原因，孩子做到与否，都没有相应的奖惩机制。

奖惩机制的作用是，强化行为或者消退行为。如果家长对孩子的执行情况，既没有明确的反馈，也没有制定相应的奖惩机制，孩子就会没有动力去调整自身的行为。比如，孩子把房间整理得很好，你可以拍照片发到家族群，让大家见证，给他表扬和反馈。这就是正强化。如果孩子今天没有主动整理房间，你也记录一下，但是只给他一个人看，让他对比一下效果和感观。这是负反馈，为了提醒和督导。

在这个过程中，家长既要指令清晰，又要及时强化孩子的行为和表现。

三个沟通方法，帮助孩子提升执行力

家长需要明白一个最简单的事实，就是既然连成年人都做不到百分之百地执行，那就也要接受孩子不能说到做到。因此，我们对孩子执行完成一件事的容错率应该有一个合理的空间，比如说 80% 的概率。

如果孩子执行不到位，家长可以根据具体情况，采取以下三个沟通方法提升孩子的执行力。

第一，非责备的沟通方式效果最好。

在与孩子沟通时，家长可以采用场景化、图像化、可视化、包容性和开放性的沟通方式。比如，当孩子没有按照之前的承诺整理房间时，家长可以先询问孩子原因，并给予他充分的机会来解释。这是从解决问题的角度沟通，而不是从追责的角度来谈归责。

这样的沟通方式，不仅可以避免伤害孩子的情感，还可以让孩子真正聚焦在行为的改变上。

第二，如果之前的提醒和警告力度不够，可以把这个问题提上家庭会议的议程。

家庭会议，是一种家庭民主解决问题的方式。它不是一种惩罚的方式，而是让大家理性平和地联合孩子打败问题的有效方式。这种解决问题的方式，会让孩子在情感上更容易接受，在心理上更容易放下抵抗。具体方法，请参考本书的相关章节。

第三，及时兑现奖励和处罚。

制定了奖惩机制，家长和孩子就要认真执行，否则孩子下次就不会再相信你。

关于惩罚，家长可以采用取消孩子在意的某项活动的方式来进行处罚。比如，原来孩子每周可以看两小时电视，现在减少为一小时。原来孩子每周有 50 元零花钱，现在减少到 45 元。这样的处罚方式，可以让孩子适当地感受到损失，但又不至于伤害到他的身体和情感。

当然，在执行这个处罚之前，家长需要与孩子达成共识，这样做，可能比家长一直用碎碎念的方式更加有效。

关于奖励，家长可以跟孩子达成一个协议。比如，如果他连续一个月都整理房间，零花钱就会每个月多 10 元。

孩子自控力差的两个常见原因

孩子自控力差，可能是由多种因素导致的，常见的原因如下。

第一，受到生理结构上的影响，尤其是前额叶皮质。

一个人只有到 18 岁、最晚到 23 岁，主管自控力的前额叶皮质才会完全成熟。所以，在此之前，孩子要做到自我控制是很困难的，家长需要理解孩子的难处。

第二，家长没有找到孩子自控力差背后的真实需求。

举个例子，如果孩子已经比较胖了，他可能想要减肥，但他在面对食物时控制不住自己。你需要了解他为什么无法自控。可能他不在意自己的体重，而你却非常在意；可能他觉得减肥是不可能完成的任务，因为他从来没有看到过成功的希望，这让他感到绝望和无力；可能是他觉得现在挺好的，而你的要求很高，他也不打算说服你，应付一天算一天。只有了解了孩子的真实需求，你才能够找到发力的点。

总之，家长需要理解孩子的难处，找到孩子在自控力差背后的真实需求，给孩子提供正确的引导和支持。

五种方法，提升孩子自控力

培养孩子的自控力时，可以尝试采用以下五种方法。

第一，给予孩子积极的反馈和激励。

及时给予孩子积极的反馈和激励，让他们感到自己的努力得到了认可和赞扬，这样可以增强孩子的自信心和自我控制能力。就像我们在打游戏的过程中，只要有及时的反馈机制，就能强化积极行为。

第二，当众承诺或签名承诺。

一旦孩子的承诺被公之于众，他们内心的动力就会迅速增强。例如，孩子在朋友圈承诺自己要在这个月读完三本书，并晒出阅读笔记和读后感，然后承诺在月底的某个时间发朋友圈展示。这样一种“当众承诺”的方式能够帮助他尽可能实现目标。

另外，在家庭会议、家族聚会或生日聚会等场合，孩子可以当着家人和朋友的面讲述自己要实现哪些目标，以及如何实现，最后让大家在一张纸上签名，并在家庭群里分享。这样就将承诺公之于众了，这种向身边某个群体承诺的行为更有约束力，能够提升孩子的自控力。

第三，制造时间障碍。

所谓时间障碍，就是在学习或工作时，设置一定的时间限制。例如，我要在书房里待满40分钟才能离开。这叫作自我主动约束，当然，最好也让孩子当众作出承诺。

第四，制造空间障碍。

比如，我在写作时，会把手机放在对面的沙发上，这样就不会被手机干扰。吃饭时，我也会把手机放在沙发上，并将声音关掉。这样一来，如果我想拿手机，就要花更多的成本，这可以帮助我控制自己。

有些人总是长胖，其中一个原因是吃完饭后不离开餐桌。其实，孩子完全可以吃完饭就离开餐桌，远离诱惑。另一个方法是把零食放在不容易拿到的地方，这样就提高了拿零食的成本，这些都可以给自己制造空间障碍，可以帮助自己增强自控力。

第五，设置奖励机制。

例如，我每次跑步40分钟以上，就会奖励自己一瓶养乐多或一杯甜咖啡。这是我奖励自己控制力和努力的方式。

对孩子也一样，如果孩子能够提前做完作业，质量也好，那你也给孩子一点小小的奖励，以此固化这种高效的行为，最终实现增强自控力的目标。

冯老师小课堂 学会表达信任

我的孩子出现过一个让我们很头疼的问题：在晚上睡觉前，她会把一些食物拿到床上，藏在枕头下面偷偷地吃。

这让我非常担心孩子的健康，并且很生气。后来我发现很多孩子都有类似的行为。

我的解决方法是，向孩子展示长虫牙的照片和治疗虫牙的视频，并带着她去看了牙医。因为孩子治疗过一颗牙齿，所以她知道这种疼痛是什么感觉。我让她看了那些恐怖的图片，让她了解虫牙的危害。这样，她就知道了虫牙会对牙齿健康造成什么样的破坏。我认为，将这些恐怖的事物可视化，而不是灌输，会更有效地让孩子明白问题的严重性。

我总是向孩子表达信任，告诉她，爸爸相信她。例如，如果她昨晚吃了点心，今晚我会问她："你昨晚吃了点心，今晚你能遵守承诺吗？你值得信任吗？"孩子会答应，并保证她值得信任。我会相信她，但有时她还是会犯错。

比如，她吃了点心，违反了承诺。这时我会问她："今晚爸爸能相信你吗？"如果她再次作出承诺，我会再次相信她，我不会放弃，也不会批评她，而且我会继续表达我的信任。然后，我会问孩子："你为什么要吃点心？是真的忍不住吗？它对你来说有多重要？"如果她觉得点心很好吃，我会让她在刷牙洗脸之前吃完，但不能超过一定的数量。孩子告诉我，她带点心回房间是因为她觉得妹妹吃得比她多，有种不公平的感觉。我理解她的感受，但也告诉她，有些事情是不能违反约定的。

在此过程中，我不会强迫她立马改好，而是给她足够的时间来理解这件事情，并且慢慢地改。两周后，孩子就不再犯同样的错误了。

所以我认为，只有不断地向孩子表达信任，给孩子时间和空间来消化问题，始终跟孩子站在一起，孩子才有可能相信自己，做得越来越好。

AI 时代，如何教育孩子

当下，很多人对 ChatGPT（人工智能技术驱动的自然语言处理工具）很感兴趣，我们确实也可能进入人工智能时代。于是，很多父母开始对传统教育和如何教育青少年感到焦虑，担心孩子所学的东西会突然变得毫无用处。

我并不认为这种担忧毫无必要，解决焦虑的关键，在于父母教育的目的。如果你的教育只是为了传递信息，只是知识的搬运工，那么孩子终究会被机器替代。因为机器比人更擅长做传递信息这件事。

当代社会需要什么样的孩子

21 世纪初，美国教育部联合微软、IBM 等数十家大公司组成战略委员会，历经 5 年研究，于 2007 年推出了《21 世纪技能框架》。

在这个框架里，首次提出了“三大核心素养”：学习与创新素养、信息媒介与技术素养、生活与职业素养。这里，其实已经传递了一个信号——要学会用现代技术进行跨学科学习，然后深入生活情境解决实际问题。

新加坡对美国的“三大核心素养”进行深入研究后，于 2010 年提出了新加坡学生的“21 世纪技能”：交流、合作与信息技能；公民素养、全球意识和跨文化交流技能；批判性、创新性思维。

不仅如此，新加坡还回答了“培养什么样的未来人才”这个问题：充满自信、主动学习、积极奉献，以及心系祖国的公民。这个核心素养，也一脉相承地专注在同样的底层能力上：跨领域学习和解决问题。

2015 年，联合国教科文组织推出了《教育 2030 行动框架》，引导世界各国未来 15 年的发展。《教育 2030 行动框架》提出了“确保全纳、公平的优质教育，使人人可以获得终身学习的机会”的目标，这也成为世界各国制定素养框架的一个重要维度。

2017 年 9 月，中共中央办公厅、国务院办公厅印发的《关于深化教育体制机制改革的意见》，提出了“四大关键能力”：认知能力、合作能力、创新能力和职业能力。这就是中国学生的核心素养。

这些政策和目标，全都指向一个底层共性：无论是“终身学习”“合作能力”，还是“全球素养”“职业能力”，都是“自主学习”和“问题解决能力”的升级表达。

无须再列举更多案例，结论已经非常清晰：这些教育系统的设计者和推动者对底层能力培养的行动方向，无不指向跨学科的自主学习和深入真实生活的问题解决能力。这也确实验证了当代社会作为学校教育的出口端，对社会人的期待就是具备自主学习能力和问题解决能力。

那么，这两项能力为什么会成为当代和未来社会人们对底层能力的共识呢？

撰写《全球教育报告》的沈祖芸老师，有个深刻的洞见：“世界本就不是按照学科划分的，而是围绕真实的挑战和任务组织起来的。”

这就是社会存在和运行最真实的写照。

既然社会是基于问题（任务）存在的，那么要对接社会、适应社会、融入社会，就需要解决问题的能力和满足解决问题的跨学科学习能力。于是，解决问题能力和自主学习能力就天然地绑在了一起。

未来社会，孩子要成为创造型人才

未来社会，发展速度更快，知识迭代频率更高，对人才的需求也会有所不同。创造型人才会成为孩子未来成长的方向，他们有以下几个特点。

第一，关心自己是什么。

他们希望独树一帜，希望建立自己的人设，追求“自我”。他们关注把事情做“好”，但是对“好”的定义和标准，有自己的评判方式，还能有效隔离别人的价值判断对自身的影响。

第二，个人价值由“长板”决定。

虽然他们可能有很多缺点，但是只要有自己的一个“招牌动作”就可以。而这一动作，必须是出类拔萃，最好是绝无仅有的。可替换性是创造型人才的噩梦。

第三，善于解决真实生活中的问题。

他们不仅要具备跨学科的知识、自主学习的能力，还要有不断升级的核心素养、要有引领重大变革，甚至改变未来的综合素养。他们就像是新时代的“智能机器”，既能够接受指令，也能够把所有输入的指令、信息在内部打通，形成自己的结论。

高水平工作都不是标准化操作的，而是像艺术家一样，根据每个人自身的特点和偏好形成了不同的风格，互相之间不能直接模仿。

第四，用正反馈的方式训练自己。

他们习惯于用正反馈的方式训练自己的强项。马库斯·白金汉和阿什利·古道尔甚至认为，这种技能并不是灌输来的，而是靠自己摸索着表现出来，并由教练或者领导在他们身上发现的。常用的训练方法是，看见一个人做出了突出的表现后，应该立即叫暂停，然后告诉他这是个好的表现，下次继续这么做……创造型人才不是从错误中提高的，而是自发生长出来的。

孩子挥洒个性的本质，不是因为全面发展带来了好的心理素质，而是长期的正反馈训练给他们带来了强烈的自信。

你可能会说，所谓的创造型人才，不就是素质教育说的全面发展型人才吗？其实不然，至少是不够准确的。他们更可能是一专多能的通才。只是这个“专”要比某些所谓的“专才”极致得多；而他们的“多”，仅仅是为了体现或者说更好地发挥“专”而提前准备的综合背景。

未来，也许没有人能告诉孩子，如何做事是对的、是好的，他们要完全靠自己去探索，在失败中总结经验和方法。而应对这个不确定性未来的终极方法就是：把自己打造成一个创造型人才。

冯老师小课堂 教育从根本目标出发

教育的根本目的，是培养一个人“适应社会发展和个人发展”的素养。将其内涵扩充，就是中华人民共和国教育部提出的应研究各学段学生发展核心素养体系，“明确学生应具备的适应终身发展和社会发展需要的必备品格和关键能力。”

这个“必备品格”和“关键能力”，具体指的是什么？从内容上来看，中国学生的核心素养同世界公民和未来公民的素养是一样的。所以，我想从“世界公民”和“未来公民”的角度来解释。

1. 两个发展目标。

（1）关于“世界公民”

首先，经济合作与发展组织率先于21世纪初提出了“能互动地使用工具、能在异质社会团体中互动、能自主地行动”三大核心素养。

其次，欧盟以“终身学习”为出发点，发布了研究报告《终身学习核心素养：欧洲参考框架》。在这个报告中，核心素养包括：母语沟通、外语沟通、数学素养和基础性科技素养、数字素养、学会学习、社交与公民、主动性和创业以及文化意识和表达八个方面。

把以上两个大型世界性组织对“世界公民”的要求提炼出来，就是一个人的学习能力、合作能力、问题解决能力、自主能力和设计人生的能力等。

（2）关于“未来公民”

面对社会的迅速发展，美国创办了“21世纪技能联盟”，提出了包括创造力与创新、批判思维与问题解决、交流沟通与合作、信息素养、媒体素养、通信技术素养、灵活性与适应性、主动性与自我导向、社会与跨文化素养、效率与责任、领导与负责十一个指标的核心素养。

将其提炼一下就是：问题解决能力、合作能力、自我驱动能力和领导力等。

根据以上关于“世界公民”和“未来公民”的要求，结合中国学生核心素养的内容，可以看出，要让一个人具备“适应社会发展和个人发展”的素养，教育就要发挥出培养“人的品格和能力”的作用。关于品格，我总结为需要具备自驱力、复原力和独立性；关于能力，我总结为需要具备学习力、领导力、设计力和解决问题的能力。

简而言之，我们的教育要培养的就是具有以上品格和能力的世界公民和未来公民。

2. 三个家教方式。

既然教育的目标已经确定了，那作为父母，又该如何通过家庭教育来实现以上目标？

从我的专业常识和咨询经验来看，我认为家庭教育的核心思想是要具备良好的亲子关系。亲子关系，就相当于母亲怀孕时，给胎儿传送营养物质的脐带。这是家庭教育能否产生作用的关键。

我主张的具体教育方法是学会和孩子聊天。和孩子的聊天效果，就相当于脐带里传送的是不是有价值的营养物质。这是家庭教育产生好坏作用的关键。

具体来说，确保亲子关系良好发展的方式主要有三个：了解儿童发展常识、榜样力量和设计人生。

（1）了解儿童发展常识

就是家长要知道儿童发展的基本规律是什么，即孩子在不同年龄阶段有什么样的生理特点和心理特点。比如，有的孩子生理上做不到自我控制，有的孩子在某个生理阶段可能会撒谎……家长懂得儿童发展常识，便能够理解孩子的一些行为只是某个发展阶段的生理特点，从而不会把这些上升到有关孩子品格和道德的维度去评判。进而减少与孩子的对抗和冲突，有利于培养良好的亲子关系。

（2）榜样力量

就是家长想让孩子做到什么，自己就要尽量先做好。比如，如果你有比较好的阅读习惯，那么你说服孩子多读书的可能性就会增大；如果孩子经常看到你和别人撒谎，那么，无论你怎么要求他对人诚实，成功的可能性都不大。

总之，你能做好的事情，孩子也能做好的可能性更大。这就容易满足你们对彼此的期待，有利于培养良好的亲子关系。

（3）设计人生

就是让孩子尽可能早地思考自己的人生目标，并且拆解目标变成行动。比如，孩子 5 岁时，长大要当卡车司机。有了这个目标，他可能就不会抗拒和卡车司机聊天，反而会喜欢近距离了解卡车司机的生活。到了 10 岁，他的目标可能又变成了要当一名医生。这个目标会让他有兴趣了解医生要学习什么、医生是如何作决策的、医生是怎样对待病人的，等等。到了 15 岁，他可能又有了新的人生目标。

其实，怎样的目标不是最重要的。最重要的是，一个人只有找到目标才能主动统筹人生，有兴趣和自驱力去做一些事情，而不是靠他人的推动被动去做。

孩子能主动去做某些事情，亲子关系便少了对抗，效果也会很好；被动去做，亲子关系就容易紧张，且难以成功。这就是设计人生的价值，它有利于培养良好的亲子关系。

以上，就是我主张的有利于亲子关系良好发展的方式。

3. 一个聊天技术。

了解了有利于亲子关系良好发展的方式，又将如何进一步将其变成培养孩子品格和能力的方法呢？

这便要提到一个聊天技术——顾问型父母聊天术。

什么是“顾问型父母”？顾问，就是咨询师。当你遇到无法解决的事情时，可以找他咨询。顾问做事，能做到边界清晰、相互尊重。

顾问型父母的思维逻辑是，可以与子女分享自己的想法、知识和经验，但自己的身份更像是一个应客户的诉求提供服务的咨询师。

那么，具体而言，父母应该如何与孩子聊天？

首先，要把事情分为三类，对应三种不同的聊法。

第一类是属于孩子的事情。对应的聊天方式是“接受性听”。

第二类是属于父母的事情。对应的聊天方式是“描述性说”。

第三类是既属于孩子，也属于父母的事情。对应的聊天方式是“双赢沟通”。

（1）属于孩子的事情

什么是“属于孩子的事情”？就是孩子自己生活圈里的事情，它独立于父母的生活，只与孩子有关。比如，孩子跟闺密吵架了，心情不好；孩子今天作业有点多，烦躁不安；孩子不喜欢自己的语文老师，等等。

什么是“接受性听”？就是一个原则、两个动作。一个原则是，不卷入其中，让孩子自己想办法解决问题；两个动作，其一是理解情绪，其二是确认问题。

比如，我的大女儿跑过来向我投诉说妹妹打她。

我说："她肯定打疼你了吧，你现在很生气是吗？"

她说："是啊，我现在气得要命，我再也不想理她了。"

我说："看来你确实非常生气，你看你都不想理她了。"

她说："是的，爸爸，你要批评她啊。"

我说："你认为妹妹打人是不对的，想让我批评她是吗？"

她说："是啊，你要狠狠地批评她啊！"

我说："但是爸爸相信你，可以想到比爸爸去批评她更好的办法，你觉得呢？"

…………

在此过程中，我始终保持这个原则——不卷入其中；

始终做这两个动作——

理解她的情绪：你很生气是吗？你气得不想理她是吗？

确认她的需求：她做得不对，要我批评她是吗？

从这个案例中可以看出：

不卷入其中，可以让孩子在遇到属于自己的问题时，不会总让父母去做主，他们会创造性地想办法解决问题；

理解情绪，可以帮助孩子尽快消解情绪；

确认需求，可以帮助孩子把注意力尽快引导到自己想办法解决问题上来。

总结来说，“接受性听”的好处在于：其一，引导孩子自己解决问题，有利于培养孩子解决问题的能力；其二，你对孩子的情绪是接受的、对需求是在意的，有利于孩子从挫折中复原，有利于培养他的复原力；其三，你不卷入其中，有利于培养孩子的独立性。

（2）属于父母的事情

什么是“属于父母的事情”？就是孩子的行为，对父母的生活产生干扰，并且影响父母满足自己的需求。比如，你在书房工作，孩子总是制造噪声，影响你工作；你着急上班，孩子却磨蹭不肯出门；你和别人聊天，孩子总是过来打断或者随意插话；等等。

什么是“描述性说”？就是首先描述你看到的情况，其次说出你的感受，再次表达你的诉求，最后给出你想到的方案。

需要注意的是，当你开口时，你说话的内容就只能有这几项：描述、感受、诉求和方案。

这个过程中，从始至终都没有你的评价和判断，没有你的主张，更没有你的批评和指责。

比如，你在书房写材料，孩子在旁边弄出很大的噪声，严重影响你工作，你可以说：“爸爸正在写一个非常重要的材料，你弄出很大的声音，吵到我了。我无法集中精神工作，感觉有点烦躁。我想要没有吵闹声，集中精神把工作做完……你可以先到楼上去玩一会儿吗？”

我要写材料，我听到声音——这是描述情况；

我无法集中精神工作，有点烦躁——这是感受；

我想要安静一点，集中精神工作——这是诉求；

你先到楼上玩一会儿——这是方案。

这段话语中，你没有责备、没有伤害，只有诉求和方案。即使孩子不能接受这个方案，他也会学着提出其他方案，如“你工作完，陪我玩一会儿可以吗？”

只要你没有伤害亲子关系，就还有共同解决问题的空间，从而更有利于想出解决问题的办法。

总结而言，“描述性说”，重点是不伤害亲子关系，保护彼此的感情。这是一种高情商领导力的沟通方式，始终把与对方的关系放到首位，不伤害彼此的感情，有利于培养孩子的领导力和问题解决能力。

（3）既属于孩子，也属于父母的事情

如果一件事情，既跟孩子的需求有关，也跟父母的需求有关，那么它涉及的就是亲子关系的问题，就要用“双赢沟通”的方式聊天。

所谓“沟通”，意思是你要通过上面学习到的“接受性听”和“描述性说”来弄清楚彼此的“诉求”和“方案”；

至于“双赢”，则是让沟通双方都满足自己的需求。

“双赢沟通”的思想是，在沟通中没有输家，也没有人试图使用权力和威胁来解决问题。其内涵是“围绕诉求，匹配方案”。

例如，书中第二章提到的孩子雨天上学要不要打伞的问题。

孩子的需求是，不想打一把看起来有些奇怪的雨伞；

爸爸的需求是，不想孩子淋雨感冒了。

孩子表现出来的是，我不想打伞；

爸爸坚持的是，你要打伞。

遇到这个问题，如何“双赢沟通”？

当孩子知道，爸爸的需求是不想他淋雨感冒，但他又不想接受爸爸让他打伞的方案时，他就可以提出一个新方案——穿一件雨衣。这个新方案，既满足了爸爸不想他淋雨的需求，也满足了自己不想打一把怪伞的需求。

于是，这个问题就解决了。

“双赢沟通”，就是这样一个过程，围绕每个人的“诉求”，一起探讨让彼此满意的“方案”。如果一方提的方案，另一方不满意也没有关系，可以由另一方提出新的方案……通过一来二去的“沟通”，彼此的需求就清晰了，方案也多多益善，最后一定可以找到一个让双方满意的方案，实现“双赢”。

总结来说，“双赢沟通”的本质，是鼓励孩子表达自己的需求，找到对方的需求，然后围绕需求构想方案……这种创意性设计方案的行为，有利于培养孩子的设计能力、学习能力和问题解决能力。

最终，通过“接受性听”“描述性说”和“双赢沟通”的“顾问型父母聊天术”，可以实现对一个人核心素养的培养目标：设计力、自驱力、独立性、复原力、解决问题的能力、学习力和领导力。

其实，培养一个能适应社会发展的人，就像培养一个能独立驾驶一辆汽车，开启自己人生之旅的人。他一定要拥有以下装备，并完成相应训练。

①为车装上导航——这是人生目标，考量一个人的生涯设计能力；

②为车装上发动机——这是一个人的自驱力；

③掌控方向盘——这是一个人的独立性；

④车的自检能力与修车的本领——这是一个人的复原力、解决问题的能力和学习力；

⑤找人帮忙修车的能力——这是一个人的领导力。

当一个人有了以上的装备和能力时，就可以独立驾驶一辆汽车，开启自己的人生之旅了，也就是一个人有了适应社会发展和个人终身发展的素养。